ENERGY STRATEGIES

SELECTED PAPERS ON

ENERGY

能源博弈论集

STRATEGIES

—— 黄晓勇　著 ——

社会科学文献出版社
SOCIAL SCIENCES ACADEMIC PRESS (CHINA)

黄晓勇

  1956 年出生，1982 年毕业于中国人民大学世界经济专业。国务院政府特殊津贴专家，国家社会科学基金、国家出版基金评审专家。现任中国社会科学院研究生院院长、教授、博士生导师，兼任全国日本经济学会副会长、中国城市发展研究会副理事长、中国社会科学院研究生院国际能源安全研究中心主任等职。1986 至 1987 年于日本明治大学做访问学者，1992 至 1993 年于日本东京大学做访问学者，1995 至 1996 年于日本爱知大学做客座教授。主要研究领域为日本企业经营战略与日本的产业政策、日美经济贸易，以及中日经济比较与合作、世界能源经济、能源安全问题等。近期主要著作有《世界能源发展报告》（《世界能源蓝皮书》）、《中国的能源安全》、《中国能源的困境与出路》等。

序一 文如其人，内敛与张力同在

在数月前的一次会面中，黄晓勇院长跟我说：我要出本书，到时你给我写个序如何？当时我连想都没想就答应下来了。不久前，书稿真的发给我了，当我真的动手准备要作序了，才突然想起需要了解一下黄院长的正式简历，于是我联系了他的助手。当我收到短短的只有两段文字的简历时，我有点后悔了，我不该不自量力地给这样一本导师级、国家级专家的著作作序，但是现在后悔也晚了，书稿的二校都做完了，就等着付印了，我若打退堂鼓不是在拆好朋友的台吗？又一想，再当一回学生，把学习心得写下来当作序言与读者分享也没有什么不妥吧，于是就有了这篇拙文。

我认识黄院长很多年了，尤其是参与《世界能源发展报告》部分编写工作以后，我们每年都有数次小范围的聚会研讨。随着接触多了、交谈话题广泛了，我对他这个人的了解也就比较立体了。他的话不多，但都很精辟到位，工作之后一起吃饭，他有一句口头禅是"微醺即好"，让我对其"中庸"性格有了一定认识。

2016 年 4 月我和黄院长一起参加了在俄罗斯莫斯科举行的第三届中俄能源投资论坛，他发言时我在听众席聆听。他说道，俄罗斯"只有摒弃能源资源民族主义思想，以开放合作的心态促进互利共赢，才能更好地推进俄罗斯自身产业发展的多元化"。听闻此言，我心里抖了一下，这是我所认识的"中庸"的黄院长吗？论坛的多数听众是俄罗斯的专家学者和能源企业的管理者，而能源资源民族主义在俄罗斯是大有市场的，就算不说普京总统是能源资源民族主义的"旗手"，但他至少不是其反对者。会下休息时我马上和黄院长谈了我的感受：以您的身份在这样公开的场合提出摒弃能源资源民族主义的话题是否合适？他反问我：你说俄罗斯是否存在能源资源民族主义思想？中俄能源合作是否受这种思想影响？我说：的确如此。黄院长说：为扩大双方的能源合作顺利合作，我这么说没错吧？俄罗斯之行修正了我对黄院长中庸性格的认识。后来在另外一个场合，他告诉我，有人评价他是个"可以承压"的人。"承压"是黄院长性格的另一个侧面。黄院长在俄罗斯的这次发言以"继续拓展和深化中俄能源合作"为题被收入了本书。平和的标题下包含着棱角分明的论点，内敛下蕴藏着十足的张力，也许这就是黄院长文如其人的"写真"？

黄院长有勇气和底气在莫斯科发言时对俄罗斯能源资源民族主义提出批评，源于他对俄罗斯总统普京的能源战略思想及普京领导下的俄罗斯石油天然气工业的发展状况有着非常深入的研究。本书"能源·外交篇"收入的十篇文章中有四篇是关于俄罗斯的，其中两篇是他为两本国际著名的俄罗斯能源工业研究专著《石油的优势：俄罗斯的石油政治之路》和《普京的能源战略》的中文版写的序言。第一本书序言的题目是"以油气为武器的俄罗斯外交"，黄晓勇院长在其中写道："普京奉行的能源战略始终坚持国家利益最大化的务实性原则……在能源问题全球化和政治化的背景下，俄罗斯强大的军事能力与其丰富能源储备的结合所蕴藏的巨大力量，在西方世界中造成了恐慌心理并对其构成了现实威胁。"在后一本书的序言里，黄院长写道："普京政权能源战略的核心内容：石油、天然气等碳氢化合物燃料的能源是俄罗斯重要战略物资，不仅能够在商业和经济领域成为强硬武器，而且也是其在政治、外交和安全保障方面的杀手锏，足以迫使对手不得不做出重大让步。"黄院长对俄罗斯能源资源民族主义的认识是逐步形成的，从这本文集里，我们可以追寻到其思想发展的脉络。

本书收录的《透视石油硝烟弥漫的背后》写于 2010 年，黄院长发现了美国能源发展的新趋势："时至今日，由于传统能源市场危机和风险的增大，再加之节能减排与可持续发展的需要，以核能、风能、太阳能为代表的新能源成了继石油之后的又一个'兵家必争之地'。"在此文中，黄院长引用了时任美国总统奥巴马的话："谁掌握清洁和可再生能源，谁将主导 21 世纪；谁在新能源领域拔得头筹，谁将成为'后石油经济时代'的佼佼者。"

六年前黄院长就敏锐地认识到，世界能源的"后石油时代"已经开始了；但时至今日，我们中还有不少人，包括一些石油企业的领导者，仍然在引用"石油时代"基辛格的一句过时名言："谁控制了石油，谁就控制了所有国家。"造成俄罗斯今日困境的原因，也许是普京对石油的认识长期被束缚在了基辛格的这句名言中。在这本文集中，你随时可以发现黄晓勇院长许多类似的与时俱进的思想火花。

当然，作为一位中国的学者，在本书中，黄院长关注的更多还是中国能源的安全问题、市场问题和环境保护问题。

《能源安全不简单等于增加供给》是收入本书的一篇文章，它原先发表在 2014 年 6 月 27 日《人民日报》上。尽管这是一篇"应时"的文章，但它却鲜明地提出了安全不等于加大供给和安全等于效率的独树一帜的认识。文章直截了当地指出："当前我国应重新审视'能源安全'的实质，摆脱'安全＝加大供应'，即依靠粗放供给满足过快增长需求的习惯思维，而转变为'安全＝效率'，即以科学供给满足合理的需求的观念。大力倡导节能型经济发展模式，全面推广节能技术、清洁能源技术，是解决我国环境与能源安全问题的关键手段。"写到这里，黄院长那种"内敛下蕴藏着十足的张力"的鲜明个性再一次浮现在我眼前。

经过六十多年的发展，我认为中国的石油工业已经完成了"提高产量保障供给"的"强制性增长"历史任务，其下一阶段的基本任务将是"加快能源结构调整，提高整个行业运行效率"。基本任务改变了，整个工业的组织架构、经营理念和管理模式也必须要随之改变，这应该是今后石油工业改革的大背景和发展方向。黄院长安全等于效率和安全不等于加大供给的观点与我的认识不谋而合。能源安全、运行效率、持续经营应该是能源行业改革的关键词。

关于石油的价格、市场和地缘政治，本书也有不少涉及。黄院长说："沙特阿拉伯与伊朗断交对国际油价的影响有两方面：一方面两国关系紧张可能造成国际石油供给的减少，甚至局部地区可能发生供给中断，这对油价有提振作用；但另一方面，沙伊交恶也意味着 OPEC 国家间达成减产协议将变得更加困难，这对油价又形成了下行压力。"从这段话里我们看到了黄院长的辩证思维：沙特阿拉伯和伊朗这对冤家对国际石油市场的影响巨大深远。

这本《能源博弈论集》由黄晓勇院长多年来的文章、访谈、讲话汇集而成，尽管它只是文集，所选文章的时间跨度也很大（2009~2016 年），但今天读者仍能从中感受到作者宽广的视野、中庸而不失张力的人格和不会随时间消逝的思想火花。这是一本开卷有益的书，值得一读。

东帆石能源咨询（北京）有限公司董事长

陈卫东

2016 年 10 月 21 日

序二　国家安危何止关乎海域疆土，社会和谐却有赖于能源安全

民族复兴，岂惟见立于华堂屋宇；大国崛起，孰可轻略乎能源动力。当泱泱大国引擎全球经济，浩浩货流惠市世界商城，耗费我中华多少一次二次能源。纵观历史，能源技术演进推动人类文明进步；放眼全球，燃料汇集善用繁荣经济利国利民。

国家安危何止关乎海域疆土，社会和谐却有赖于能源安全。于是乎，能源博弈，衍生出国际组织，合纵连横，政治、经济、军事、外交，冲突常缘此为利益标指；油气争夺，肢解了地缘格局，分崩离析，市场、信仰、文化、种族，矛盾频见诉于媒体新闻。

无论国家政要、金融寡头，而或能源巨贾、物流贩夫，从涉于斯者，莫不在能源市场波涛汹涌的茫茫大海中，辗转冲折，航向难辨，宿食难安。

　　所幸《能源博弈论丛》即将付梓。作者目光如炬、披精剥微，宏观剖析、微观推演，据论翔实、见解独到；谋势战略、演布对策，外交攻心、市场关情，着眼环境，情系民生；纵横捭阖，论议兼并，能源巨海，靡不涉及。又家国情怀，士夫精神，跃然纸上。为国家能源战略抉择，及从涉业者投资交易，厘清方向；亦为全球能源治理，投注星光。一气读来，胸襟豁然，引章摘数，不胜裨益。

　　是为序。

中能国际石油化工有限公司董事长

姚同欣

2016 年 10 月 22 日

目 录
CONTENTS

第二篇 能源·外交篇

第三篇 能源·市场篇

第四篇　能源·环境篇

附　录

第一篇

中国能源安全·战略篇
——能源背后的国家安全

新常态下能源革命蓄势待发[*]

我国已成为世界上最大的能源生产国和消费国,传统能源生产和消费模式已难以适应当前形势。在经济增速换挡、资源环境约束趋紧的新常态下,推动能源革命势在必行、刻不容缓。在亚太经合组织工商领导人峰会开幕式上,习近平同志指出,"全球新一轮科技革命、产业革命、能源革命蓄势待发"。在中央财经领导小组第六次会议上,习近平同志强调,"推动能源生产和消费革命是长期战略,必须从当前做起,加快实施重点任务和重大举措"。当前,国内能源消费增速明显放缓,对能源产业结构低碳化转型的要求日益迫切,能源消费结构调整迎来有利机遇。同时,国际能源价格波动剧烈,地缘政治因素对能源安全的影响越来越大。统筹国际国内两个大局,努力在全球新一轮科技革命、产业革命中占得先机,保障我国能源安全与经济安全,需要以"一带

---

　*　本文原载于《人民日报》2015 年 5 月 6 日理论版。

一路"战略和区域协同发展战略为契机，通过技术创新与体制变革，加快推动能源革命的进行与经济发展方式的转变。

一 "一带一路"促进国际能源合作

国际能源合作是保持能源稳定供给、保障国家能源安全的重要途径。习近平同志提出："全方位加强国际合作，实现开放条件下能源安全。在主要立足国内的前提条件下，在能源生产和消费革命所涉及的各个方面加强国际合作，有效利用国际资源。""一带一路"战略的实施将有力推动能源供给革命，并为我国与沿线国家开展能源合作、参与全球能源治理打开新局面。

1. 畅通能源输送通道，提高相关国家能源安全水平

"一带一路"建设重点之一是畅通能源输送通道，即在建设国内能源生产基地和储备基地的同时，继续加强能源基础设施的建设和联网建设，推进中俄东西线油气管道互联和中亚油气进口管道铺设，开展液态天然气终端、智能电网和能源输送网络建设，形成由铁路、公路、管道、航运构成的能源输送立体格局。同时，推进跨境电力与输电通道建设，开展区域电网升级改造合作，实现我国与周边国家电网互通。这将有效提高我国和沿线国家的能源安全水平。

2. 加强能源国际合作，促进能源领域互利共赢

在"一带一路"建设中，我国与沿线国家将继续扩大能源贸易规模，拓宽能源合作领域，增强合作的可持续性，形

成包括能源合作在内的多领域合作齐头并进的新态势。同时，我国应深入开展能源技术合作。例如，中亚国家风能、太阳能资源丰富，帮助其发展可再生能源，既有利于其能源出口，又有利于发挥我国在相关技术和产业上的优势，还有利于绿色发展、可持续发展。在节能增效和减排技术研发、能源环保产业等诸多领域，我国与沿线国家都有良好的合作前景。

3. 推动能源供给革命，积极参与全球能源治理

应借助"一带一路"建设，同沿线国家一道加快构建亚太能源安全体系。以上海合作组织为平台，建立能源协调新机制，形成能源合作的共识和互信。加强石油、天然气勘探开发合作和综合利用合作，推动能源供应多元化，促成有序竞争，支持建立公开、透明的能源市场，推动建立能源价格平稳机制，逐步提高油气供应的应急响应能力。切实维护能源通道安全，推动建立油气输送管道保护和安全管理的长效机制。进一步深化与环里海国家的战略合作关系，充分利用亚太经合组织非正式会议、上合组织峰会等平台，逐步增强我国在国际能源市场中的话语权。

二　区域协同发展推动能源结构升级

促进区域协同发展是实现经济发展和环境保护双赢的有力抓手，是能源生产和消费革命的重要突破口。在2014年中央经济工作会议上，习近平同志强调，要完善区域政策，促

进各地区协调发展、协同发展、共同发展，并且要坚持不懈
地推进节能减排和保护生态环境。当前，我国应抓住京津冀
协同发展和长江经济带建设这一推动能源革命的新契机。

1. 京津冀协同发展，释放能源革命新动力

虽然我国的经济发展已形成长三角、珠三角、京津冀
（或环渤海）的空间格局，但京津冀地区在经济实力上还远
不如长三角与珠三角地区，而制约京津冀发展的最大瓶颈就
是生态环境方面的巨大压力。在经济新常态下，把京津冀协
同发展放在重要战略位置，有利于在推动能源革命的背景下
解决好京津冀地区的生态环境问题。目前，雾霾治理已成为
京津冀合作的着力点。京津冀三地唇齿相依，大气污染呈现
明显的区域特征。无论是由煤炭的过度使用还是由汽车尾气
引起的大气污染物排放，都说明造成雾霾天气的重要原因是
能源消费结构不合理、节能减排技术水平低。在京津冀协同
发展的形势下，三地将形成新的城市主体功能格局。其中，
进行能源消费结构调整，尤其是削减燃煤消费、大力推进清
洁能源开发利用，是协同发展的先手棋。当然，解决生态环
境问题不能单纯依靠能源消费变革，还必须通过能源生产技
术革新提高能源利用效率，同时应支持新能源和可再生能源
产业的发展，释放能源革命的新动力。

2. 长江经济带建设，促进能源结构升级

长江经济带东起上海，西至云南，涉及九省二市。按
照新常态下转变经济发展方式的要求，长江经济带建设不仅
将打开我国经济发展的新天地，还将促进该地区能源结构的

升级。一方面，长江经济带可以充分发挥水运运量大、成本低、节能节地等优势，大幅度减少因过多依赖公路运输所造成的大气污染，有效实现运输方式的节能环保；另一方面，以上海、武汉和重庆为中心形成三大城市群，可以促进我国经济发展沿着长江流域自东向西推进，从而推动经济结构的优化调整，而经济结构变动与单位生产总值能源消耗密切相关。在长江经济带建设中，应处理好提高东部经济发展质量和开发内陆的关系，既充分发挥东部发达地区的科技创新优势，带动内陆地区工业化水平提高，又牢固树立绿色可持续发展理念，防治环境污染，提高资源使用效率，降低单位生产总值能耗。

三　技术创新和体制变革助力能源强国建设

目前，不可再生能源面临趋于枯竭的困境，自然环境承载能力日趋脆弱。必须推动新一轮能源技术创新和体制变革，逐步摆脱对化石能源的依赖，从根本上改变能源生产与消费的结构和方式。在中央财经领导小组第六次会议上，习近平同志提出了"推动能源技术革命"和"推动能源体制革命"的要求。要推动能源革命，推动能源技术创新是动力源泉，推动能源体制变革是根本保证，实现能源安全是最终目的。

能源技术创新是能源革命的基础支撑和动力源泉。习近平同志指出："推动能源技术革命，带动产业升级。立足我国国情，紧跟国际能源技术革命新趋势，以绿色低碳为方向，分类推动技术创新、产业创新、商业模式创新，并同其他领域高新技术紧密结合，把能源技术及其关联产业培育成带动我国产业升级的新增长点。"回顾历史，我们可得出结论，只有走在全球技术创新前列，才能确保国家安全。中国已经错失了前两次技术革命和产业革命的机遇，在新技术革命和产业变革的酝酿期，我国必须走追赶与跨越并举的道路。在能源领域，应明确重点方向和领域，着力推进技术创新、产业创新和商业模式创新。

从我国现实看，日益突出的环境污染问题迫切要求我们改变以煤炭为主的传统能源利用模式，大力发展绿色清洁能源技术。一方面，要立足我国国情，把握创新的重点方向和重点领域，依托重大工程，以重大科技专项攻关为抓手，力争实现页岩油气、深海油气、可燃冰、新一代核电等能源领域的关键性技术突破；同时，应加强国内能源创新体系和能源装备工业体系建设，推动能源装备国产化、产业化，并以能源装备制造创新平台建设为纽带，加快科技成果转化，抢占绿色能源技术的制高点。另一方面，要紧跟国际能源技术革命的新趋势，拓宽视野，积极吸收国际上成熟的技术和经验，推动页岩油气开采技术、大电网技术等国际先进技术在国内的应用；同时，应有效利用国际资源，深化国际能源领域的双边与多边合作，发展新能源科技，不断优化我国的能源结构。

能源体制变革的核心在于还原能源的商品属性，为市场在能源资源配置中起决定性作用创造条件。习近平同志指出：

"推动能源体制革命，打通能源发展快车道。坚定不移推进改革，还原能源商品属性，构建有效竞争的市场结构和市场体系，形成主要由市场决定能源价格的机制，转变政府对能源的监管方式，建立健全能源法治体系。"只有通过能源体制变革激发市场活力，才能保证能源生产和消费革命的顺利推进，从而推动我国由能源大国向能源强国转变。

推动能源体制变革，应抓住以下几点：首先，完善现代能源市场体系，放宽市场准入，构建竞争性市场结构，实现自然垄断业务和竞争性业务分离，推动能源投资主体多元化，鼓励和引导各类市场主体进入能源市场开展公平竞争。其次，深化重点领域和关键环节改革，着力推进管网建设运营体制改革以及能源价格改革，形成主要由市场决定能源价格的机制，充分调动各方面的积极性。再次，进一步转变政府职能，完善能源监管方式，加强对能源发展战略、规划及政策等的制定和实施，建立健全能源法律法规体系，提高能源领域的依法行政水平，同时建立节能减排的长效机制，促进绿色能源使用。

能源安全不简单等于增加供给*

在日前召开的中央财经领导小组第六次会议上，习近平总书记就推动能源生产和消费革命提出五点要求，第一点就明确提出："推动能源消费革命，抑制不合理能源消费。"

当前我国应重新审视"能源安全"的实质，摆脱"安全＝加大供应"，即依靠粗放供给满足过快增长需求的习惯思维，而转变为"安全＝效率"，即以科学供给满足合理的需求的观念。大力倡导节能型经济发展模式，全面推广节能技术、清洁能源技术，是解决我国环境与能源安全问题的关键手段。

传统能源安全观认为，一国能源安全应该包括能源的可获得性、运输通道的安全和价格的可接受性三个方面，但新的理论增加了对能效与清洁能源的考量。

目前我国经济运行能耗过高，单位国内生产总值能耗是全球平均水平的两倍左右，能源结构中化石燃料比重过高。这种能源消费方式造成了高污染、低效率。近年雾霾天气的

＊　本文原载于《人民日报》2014 年 6 月 27 日。

频发及其范围的不断扩大，已经向我们敲响了警钟。

走节能绿色发展道路，可以缓解我国能源供给压力。随着我国企业"走出去"和能源进口渠道增加，在能源来源多元化方面我国取得一定进展，但石油进口地仍集中于中东、非洲，且多为局势动荡地区。在通道安全方面，中国石油海路运输大多途经霍尔木兹海峡和马六甲海峡，容易受战争等因素的干扰。我国的能源安全仍有一定的脆弱性，这客观上要求中国加大节能力度，以此提高能源自给水平和供给保障能力。

大力推进节能还可以更好地稳定国际能源价格。亚洲金融危机后，国际石油价格从约 10 美元 / 桶攀升到最高 147 美元 / 桶，至今仍居高不下。21 世纪以来，我国高能耗、高污染行业发展较快，在不少年份我国的能耗增幅大于国内生产总值增幅。尤其是 2004 年，我国能源消费总量 19.7 亿吨标准煤，同比增长 15.2%；原油消费 2.9 亿吨，同比增长 16.8%，成为当时国际石油与金融市场炒作的重要"题材"。近年国际能源定价的金融化趋势，使中国因素被不断放大。抑制我国能源不合理消费，可以更好地引导国际能源市场的价格。

当前随着页岩气和新能源开发的快速推进，美国在能源自给和节能减排方面取得重要进展，这使美国对节能减排的呼声增大，并将这一要求逐步纳入"跨太平洋伙伴关系协定"等国际贸易规则。同时，随着美国对中东、北非石油的依赖程度下降，美国外交与地缘政策的变化可能给中东局势带来变数，从而增加我国能源供给的不确定性。这要求我国通过减少能耗、大力开发新能源等措施予以应对。

全球背景下的中国能源发展战略[*]

全球能源发展主要有以下四种趋势。一是世界经济增长的需求使得传统能源供应进一步趋紧，能源安全问题将日益严峻。二是世界能源生产和消费的重心正在发生偏离：在生产端，美国页岩气革命等引领的美洲大陆油气生产的崛起使石油输出国组织的影响力下降；在消费端，发达国家的能源需求趋于稳定，新增需求的主体转向新兴经济体，特别是亚洲地区。三是能源低碳化进程加速，世界能源消费结构将逐渐以可再生能源和核能等非化石能源为主，石油、煤炭、天然气的比重将会下降。四是世界各国在能源科技领域的竞争日趋激烈，其中低碳高效能源技术将成为能源产业发展的主流。

在中国实现现代化和共同富裕的进程中，能源始终是一个重大战略问题。在当前和今后一个时期，中国将加速推进

* 本文原载于《中国能源报》2013 年 10 月 28 日第 4 版。

新型工业化、信息化、城镇化和农业现代化，能源需求会继续增长，能源供应保障任务将更加艰巨。中国政府在《中国的能源政策（2012）》白皮书中明确提出，坚持"节约优先、立足国内、多元发展、保护环境、科技创新、深化改革、国际合作、改善民生"的能源发展方针，走科技含量高、资源消耗低、环境污染少、经济效益好、安全有保障的发展道路，全面实现节约发展、清洁发展和安全发展。这实际上就是中国的能源发展战略。

能源生产和消费革命如何落实*

在今年6月的中央财经领导小组第六次会议上，中共中央总书记习近平强调，能源安全是关系国家经济社会发展的全局性、战略性问题。面对能源供需格局新变化、国际能源发展新趋势，为保障国家能源安全，必须推动能源生产和消费革命。

习近平总书记就推动能源生产和消费革命提出五点要求。第一，推动能源消费革命，抑制不合理能源消费。第二，推动能源供给革命，建立多元供应体系。第三，推动能源技术革命，带动产业升级。第四，推动能源体制革命，打通能源发展快车道。第五，全方位加强国际合作，实现开放条件下能源安全。

当前国际、国内能源发展趋势如何？我国能源安全面临哪些挑战？如何理解能源生产革命和消费革命？如何落实总书记提出的五点要求？以上问题值得学术界深入思考。

---

* 本文原载于《国际金融报》2014年9月29日第19版。

一　能源生产革命与能源消费革命

"十二五"时期，国际、国内能源发展呈现新的阶段性特征，我国既面临由能源大国向能源强国转变的难得历史机遇，又面临诸多问题和挑战。

从国际看，能源资源竞争日趋激烈。全球能源消费需求不断增加，能源资源供给长期偏紧的矛盾将更加突出，争论已久的"石油峰值"可能在 2020 年前后到来。在供给偏紧的背景下，国际能源价格居高不下。发达国家竭力维护全球能源市场主导权，强化其对能源资源和战略运输通道的控制。能源输出国加强对资源的控制，能源的战略属性、政治属性日益凸显。

当前世界能源版图呈现供应方和需求方同时"多极化""多元化"的纷繁局面，客观上有助于降低能源进口成本。非常规能源崛起使西半球国家几乎完全实现能源自给，并形成了以中东、中亚、俄罗斯、北美为主的四大能源供应板块。未来发展中国家能源需求增量将占全球增量的绝大部分，能源消费重心逐渐东移。

此外，应对气候变化的国际博弈更趋复杂，新能源开发力度加大。发达国家一方面加快发展节能产业、新能源产业等新兴产业，推行碳排放交易，强化其竞争优势；另一方面通过设置碳关税、环境标准等贸易壁垒，挤压发展中国家的发展空间。

从国内看，我国单位国内生产总值能耗过高，能源结构中化石燃料比重过高，"高碳"式的能源消费方式直接造成高污染、低效率。国内常规化石能源供应不足，石油对外依存度从 21 世纪初的 26% 上升至近 60%，天然气对外依存度也突破 30%。

当前和未来一段时间内，中国能源安全面临严峻挑战。第一，中国石油进口源集中于中东、非洲且多为局势动荡地区，而美国未来的外交与地缘政策或许会增加中东局势动乱的可能性；第二，中国石油海上运输大多途经霍尔木兹海峡和马六甲海峡，因而受到美国及其他一些国家对此多方掣肘的可能性也在增加；第三，中国未来在世界温室气体排放谈判中可能面临更加严峻局面。

对此，党的十八大报告和习近平总书记在中央财经领导会议上都提出要推动我国的能源生产和消费革命。这里有必要对能源生产革命和能源消费革命做出更清晰的界定。

能源革命，也就是能源生产革命，主要指能源形态的变更，以及人类能源开发和利用方式的重大突破。人类经历了两次重大能源革命：第一次是在 18 世纪的第一次工业革命中，蒸汽机的发明使煤炭逐渐取代薪柴；第二次是 20 世纪初，内燃机的发明和汽车的普及使石油逐步取代煤炭。

能源消费是一定时期内物质生产与居民生活消费等部门消耗的各种能源资源。能源消费革命可以理解为在"生产或生活中利用新的技术手段或改变人们的消费行为，从而使能源消费状况和人类社会发展形态发生飞跃式变化的过程"。能源消费革命可以分为能源利用技术革命和消费行为革命两部分，前者主要由技术因素决定，后者由生产关系决定。

比较这两个概念：能源生产革命侧重于从能源生产侧入手，改变能源的形态、能量密度、清洁程度等；而能源消费革命则侧重于从能源消费侧入手，提高消费终端的能源利用效率。

二　抑制不合理消费

要落实能源生产和消费革命，首先要推动能源消费革命，抑制不合理能源消费。应坚决控制能源消费总量，有效落实节能优先方针，把节能贯穿于经济社会发展全过程和各领域，坚定调整产业结构，高度重视城镇化节能，树立勤俭节约的消费观，加快形成能源节约型社会。

目前我国发展方式依然粗放，能源密集型产业比重偏大，钢铁、有色、建材、化工四大高耗能产业用能约占一半。我国人均能源消费已达到世界平均水平，但人均国内生产总值仅为世界平均水平的一半；单位生产总值能耗不仅远高于发达国家，也高于巴西、墨西哥等发展中国家。较低的能效水平，与我国所处的发展阶段和国际产业分工格局有关，但也反映了我国发展方式粗放、产业结构不合理，这迫切需要实行能源消费强度和消费总量的双控制，并形成倒逼机制。

当前，应重新审视我国"能源安全"的实质，摆脱"安全＝加大供应"，即依靠粗放供给满足过快增长需求的习惯思维，而转变为"安全＝效率"，即以科学供给满足合理需求的观念。大力倡导节能型经济发展模式，全面推广节能技术，清洁能源技术，是解决我国环境与能源安全问题的关键手段。

能源消费革命的核心就是建立节能型社会。在欧美等发达国家，节能被看作一种重要的能源利用形式，甚至被称为"第五燃料"。各国积极推动智能电网、电动汽车、智能交通等新技术的开发，旨在以先进技术提高能效。

能耗强度主要取决于节能技术与人们的能源消费行为。这要求在大力开发和推广先进节能技术的同时，通过确立标准和进行管理引导人们合理地消费能源。当前尤其要大力促进工业、建筑、交通等重点领域的节能工作。

一方面，要完善节能环保法规标准，加速淘汰落后产能，并强化对地方政府能耗的考核。要推进能耗和污染物排放在线监测系统建设，加强运行监测，强化统计预警。近年，国家发改委按月公布各地节能减排"晴雨表"，对各地节能工作起到了一定的约束作用。

另一方面，要利用经济手段和市场化机制，激励市场主体积极参与节能。我国可借鉴国外的能效"领跑者"制度，定期发布"领跑者"目录。要进一步推进碳排放权、节能量和排污权交易制度，开展项目节能量交易。同时，要推行和完善能效标识和节能低碳产品认证。

三　建立多元供应体系

推动能源供给革命、建立多元供应体系对于能源生产和消费革命也很重要。我国应立足国内，以多元供应保安全，大力推进煤炭的清洁高效利用，着力发展非煤能源，形成煤、油、气、核、新能源、可再生能源多轮驱动的能源供应体系，同步加强建设能源输配网络和储备设施。

我国能源结构的突出特点是"多煤少油缺气"。当前，无论是从保障能源供给安全的角度，还是从保障生态安全的角度，推进能源供给的多元化都非常必要。我国能源结构以煤为主，煤炭占能源消费的近70%，同时粗放的煤炭开发利用方式加大了资源环境压力。数据显示，目前煤炭在能源消费中占比超过50%的主要经济体只有中国和印度。

当前，要大力开发非常规天然气资源。天然气作为一种相对清洁的化石能源，日益受到各国重视。在2012年全球能源消费结构中，石油占33.1%，煤炭占29.9%，天然气占23.9%。与全球比重相比，我国天然气的比重明显偏低。我国需要加快对全国页岩气资源的调查与评价，加快非常规天然气开发进度。

我国要积极有序地发展水电。坚持协调好水电开发与移民致富、环境保护、水资源综合利用的关系，在做好生态环境保护和移民安置的前提下积极发展水电。

我国要安全高效地发展核电，在做好安全保障的基础上，加快重启核电站建设。专家普遍认为，第三代核电技术可以有效解决安全问题。以美国AP1000为代表的第三代核电技术的安全系数比正在使用的主流的第二代核电技术可以高100倍。

我国还要加快发展风能等其他可再生能源。坚持集中与分散开发利用并举，以风能、太阳能、生物质能利用为重点，大力发展可再生能源。协调配套电网与风电开发建设，合理布局储能设施，保障风电并网运行。

在能源结构转型方面，欧盟走在了国际前列。欧盟提出，到 2020 年可再生能源比例要达到 20%；德国则提出，可再生能源到 2030 年要达到 30%，2050 年达到 60%，其中电力系统电量的可再生能源比例要达到 80%。

高效、清洁已经成为世界能源的发展方向，非化石能源和天然气在能源结构中的比重越来越大，世界能源将跨入石油、天然气、煤炭、可再生能源和核能并驾齐驱的新时代。我国能源"十二五"规划提出，2015 年非化石能源消费比重应提高到 11.4%，非化石能源发电装机应达到 30%，天然气占一次能源比重要提高到 7.5%，煤炭的比重要降低到 65% 左右。

四　带动产业升级

落实能源生产和消费革命，还要推动能源技术革命，带动产业升级。我国应立足国情，紧跟国际能源技术革命新趋势，以绿色低碳为方向，分类推动技术创新、产业创新、商业模式创新，并紧密结合其他领域的高新技术，把能源技术及其关联产业培育成带动我国产业升级的新增长点。

西方国家在 1973 年中东战争、1979 年伊朗伊斯兰革命和 1990 年海湾战争期间经历了三次能源危机，这使西方国家对节能与新能源技术开发的投入比我国要早很多，在相关技术上拥有较大优势。

当前，我国能源自主创新能力不足，能源装备制造整体水平与国际先进水平相比仍有较大差距，关键核心技术和先进大型装备对外依赖程度较高。加快能源领域科技创新能力建设，首先要加强能源基础科学研究。坚持政府在基础科学研究中的主导地位，加大资金投入和政策扶持，建立一批国家工程技术研究中心、国家能源研发中心和重点实验室。同时，部署一批具有战略先导性作用的前沿技术攻关项目，力争突破制约能源发展的核心技术、关键技术。

其次，要充分发挥企业的主体作用，加快先进适用技术的研发。力争在煤矿高效集约开采、以页岩气为代表的非常规油气资源勘探开发、先进油气储运、高效清洁发电、新一代核电、海上风电、太阳能热发电、大容量高效率远距离输电、大容量储能等重点领域取得突破。

最后，要通过重大科技示范工程带动技术进步。充分利用我国市场空间大、工程实践机会多的优势，以煤层气开发利用、油气资源高效开发、高效清洁发电、特高压输电、大规模间歇式发电并网、智能电网、核燃料后处理等技术领域为重点，加快重大工程技术示范，促进科技成果转化为生产力。

五　打通能源发展快车道

当前，我国能源行业的体制约束日益显现，深化改革势在必行。能源产业行政垄断、市场垄断和无序竞争现象并存，能源的价格机制不够完善。这迫切需要坚持深化改革，充分发挥市场作用，理顺价格机制，构建有利于能源可持续发展的体制机制。

首先，要加快推进电价改革，逐步形成发电和售电价格由市场决定、输配电价由政府制定的价格机制。要加大对电网输配业务及成本的监管，核定独立输配电价。要推进销售电价分类改革，推进工业用户按产业政策实行差别化电价和超限额能耗惩罚性电价，清理对高耗能企业的优惠电价政策，实施居民阶梯电价制度。

其次，要深化油气价格改革。深化成品油价格市场化改革，从而使其能更好地反映资源稀缺程度和环境成本。当前天然气定价不合理、进口价与国内终端销售价"倒挂"已经导致局部"气荒"时有出现。必须推进天然气价格改革，逐步理顺天然气与可替代能源的比价关系，建立上下游价格合理传导机制。

目前我国能源价格主要由政府制定和管理，这次提出的"形成主要由市场决定能源价格的机制"，就是要坚持能源的商品属性，把能交给市场的交给市场，从而理顺定价机制，激发市场活动，提高企业经营效率。

六　全方位加强国际合作

我国 1993 年成为石油净进口国，2009 年成为煤炭净进口国，在总体上我国能源对外依存度上不断上升。随着我国能源需求增长，仅依靠国内供给显然并不现实。保障我国能源安全，必须统筹国际、国内两个大局，大力拓展能源国际合作的范围和渠道，提升能源"走出去"和"引进来"的水平。

首先，我国要深入实施"走出去"战略，并不断扩大国际贸易。我国要继续加强海外油气资源合作开发，支持优势能源企业参与境外能源资源开发。在贸易方面，巩固并拓展石油和天然气的进口来源和渠道，扩大油气贸易规模。同时，要放宽油气进口的准入管制，鼓励更多有资质的企业参与国际能源贸易。

当前要利用有利时机，务实推进"一带一路"能源合作，加大与中亚、中东、非洲、美洲国家在油气方面的合作力度。随着近年中国—中亚油气管道建设顺利推进，我国今后可进一步扩大与中亚的合作规模。美国能源在北美范围内基本实现独立，美国对中东、非洲能源的需求逐渐减少，这可能给中国与中东、非洲的能源合作提供更大空间。此外，加拿大油砂的大量发现、墨西哥启动石油行业市场化改革等因素使北美地区正成为新的油气生产中心。南美洲的巴西、阿根廷、秘鲁也有新的油气储量发现，特别是巴西的外海油气资源以及委内瑞拉的重油资源储量尤为可观。目前加拿大、委内瑞拉等国也在寻找油气出口多元化的途径。国际石油供给的多极化趋势，为我国能源企业"走出去"和扩大国际贸易提供了新的契机，有利于我国实现进口来源多元化，同时更好地保障了我国的能源安全。

其次，要提升"引进来"水平，引导外资投向能源领域的战略性新兴产业，带动先进技术、管理经验和高素质人才的引进。要鼓励外资参与对内陆复杂油气田、深海油气田的风险勘探，鼓励就煤炭的安全、高效、绿色开采开展合作，特别是要借鉴国际能源管理先进经验，加强与主要国家和国际机构在战略规划、政策法规和标准、节能提效等方面的交流合作。

在能源领域的对外合作中，我国要建立能源、外交、财税、外贸、金融等领域间的跨部门协调机制，加强境外能源开发利用的宏观指导和服务。要开展国际能源储备和应急互助合作，制定能源安全应急预案，增强应对各类突发事件的能力，从而更好地为我国能源对外合作保驾护航。

正视中国能源安全的
"内忧"和"外患"*

　　能源安全是全世界共同关心的重大问题，其衡量标准常列举能源自给率和能源对外依存度。一般认为，一国的能源对外依存度越高，其能源安全程度便越低，也就是说，它受国际局势变动影响的可能性越大。

　　今天，有关能源安全的问题不仅让国际关系变得更为脆弱，而且时常让国际社会显得更加神经质，实可谓暗流汹涌，险象环生，一触即发。

　　中国的能源安全更是关系国家和民族的复兴事业。关于中国能源安全的定义，鉴于石油在能源中的重要地位和中国能源资源禀赋的特点及目前石油过高的对外依存度，因此狭义上可以等同于石油安全，即石油供给关系的稳定、油价的稳定和运输环节的安全稳定；而广义上来看，中国的能源安

　　*　本文为《中国的能源安全》（黄晓勇主编，社会科学文献出版社，2014）的序言。

全则包括三个层次的要求：首先是能源的稳定供给，即能源资源要在总量上和机构上满足消费者和经济部门在每一个时间点的消费需求；其次是能源输送过程和生产环节的稳定、持续；再次是价格的合理，即现实经济社会所需要的任何能源形式都拥有能够被消费者接受的价格，能源价格作为一个国家经济生活的基础价格，既不能成为各个产业发展的成本包袱，也不能成为破坏社会生活稳定的搅局者。

作为世界上最大的能源生产国和消费国，对理想生活的追求与不理想的能源生产和消费结构之间显著的矛盾与差距，使得中国的能源安全问题尤为突出，甚至可以说是内忧外患兼具。

内忧之一，我国的能源需求增长和消费结构堪忧，即能源消费需求总量增长过快且煤炭占比过高。根据英国石油公司年度能源白皮书统计，以一次性能源消费总量计算，2010年中国首次超过美国成为世界第一大能源消费国，2012年中国一次性能源消费总量（以石油计算）达到27.4亿吨，近5年内增加了28％。"高消耗、高排放、高污染、低效率"的粗放式经济发展模式，造成煤炭、石油、电力和热能使用中的浪费现象普遍存在，同时也造成对能源的不合理需求增长过快。同时，长期以来我国坚持"以煤为主自给，以引进油、气为重心"的能源战略，在消费的一次性能源中煤炭长期占七成以上。有专家批评，过快的消费增速使煤炭的年产量大大超出了实际的"科学产能能力"。

内忧之二，能源生产和消费环节造成的环境问题严重且难以治理。2013 年，严重的雾霾污染席卷了中国许多重要地区，涉及范围达 160 万平方公里，多个省市频频发布雾霾红色预警，空气质量达到六级严重污染中的"最高级"。其中最重要的污染排放源正是来自煤炭和石油的使用。过去那种以为能源安全即等于扩大供给的观念，有意无意地忽视了过度消耗资源必然带来的环境污染与必然要增加的社会治理成本，因此已不能适应中国经济社会可持续发展的实际需要。迫在眉睫的环境问题警告我们，中国的能源安全不仅仅是国际上的地缘政治外交制衡与利益博弈问题，更是实现国内经济转型与可持续发展、维护公众健康和提升生活品质的迫切需求。

　　中国的能源安全形势严峻，"外患"很多。世界能源形势呈现出供应源和需求方同时"多极化""多元化"的纷繁复杂的局面，博弈参与者所扮演的角色正面临主动或被动的调整，甚至将不得不重新洗牌。

　　首先，从能源供给层面看，中国的能源形势随着需求总量的迅速增长、对外依存度不断上升而更加脆弱。2013 年，中国进口原油 2.82 亿吨，比上年增长 4%；进口煤炭 3.3 亿吨，同比增长 13.4%；进口天然气进口 527 亿立方米，同比增长 25.2%。虽然综合计算结果中一次能源对外依存度只有 11%，但截至 2013 年底，中国石油对外依存度达到了 58.1%，天然气对外依存度虽只有 27.5% 但增长迅速，比 2012 年提高 3.1 个百分点，而煤炭对外依存度也达到 8.13%。能源是否安全，实际上最终取决于最不安全的那种能源，而不是整体的能源，因此从上面的数据可以看到，中国的能源安全现状与发展趋势面临巨大挑战。

其次，在能源运输方面，据统计，中国 70% 的进口原油都要经过霍尔木兹海峡、马六甲海峡，石油海路运输途径易受其他国家掣肘，对确保能源稳定供给构成严峻挑战。此外，中国进口的石油多源于中东、非洲等地区，而未来的国际关系与地缘政治因素或将进一步增加这些地区动乱的频度与烈度。

受国际格局的牵制，我国一直为实现自身能源安全而努力追求能源供应的多元化。目前中国的油气来源已经构成了多方位、多渠道的格局，其中包括海上液化天然气管道、中缅管道，还包括土库曼斯坦和俄罗斯的天然气等进口渠道。但是也应清醒地看到，中国在努力实现能源供应全球化、多元化的不懈进程中，其所需投入是十分巨大的，同时也承担了更多的国际关系突变与地区冲突频发的风险和挑战。

再次，价格体系和国际贸易方面。国际能源价格不仅受国际能源供需结构变动的影响，而且与能源市场、能源贸易和能源金融市场结构的完善程度相关，同时也受到复杂的国际经济形势和地缘政治冲突的深刻影响，这尤其体现在石油市场上。

目前，石油输出国组织（OPEC）成员虽然依旧是油价控制主体，但随着其他地区石油生产的进一步扩大以及技术革命的发展，OPEC 的油价控制能力势将有所下降。美国通过调整能源结构、大力发展页岩油和页岩气生产，以及调整金融政策等手段，增强了对国际油价的影响力，又加上其利用庞大的军事力量，威胁控制了近70％的世界石油资源和运输渠道，严重地影响着国际石油价格的走向。俄罗斯2013年的石油产量仅次于沙特阿拉伯，占全球份额的12.9％。俄罗斯向东方供应原油渠道的建成，并通过调整东西两个市场的供应比例，某种程度上或将有利于实现其影响世界石油价格、增强挑战美国石油定价权能力的战略目标。

当今的能源贸易是全球化的贸易，但绝不是"自由"的贸易。众多局部战争的起因归根到底都是能源资源的争夺，而20世纪70年代两次严重的石油危机也令世界尤其是日本及欧美各国对能源安全一直谈虎色变，危机感持续至今。目前乌克兰的局势动态以及欧美对俄罗斯的制裁和俄罗斯的反制裁，是否会引发一场新的严重冲突而导致第三次石油危机的发生也未可知。

中国作为全球石油消费第二大国，据统计，2014年中国和非OECD国家石油需求分别达到33万桶／日和124万桶／日。随着中国需求的进一步扩大及国际市场参与度的提高，中国在国际石油定价权中的地位仍然有较大的上升空间。自2003年以来，中国通过推出国内燃油基准价、燃料油期货等手段，着力在亚太石油市场形成有效的价格基准，以促进更为公平合理的国际原油贸易秩序，进一步增强并发挥中国在国际市场上的石油价格博弈能力。

最后，由于在温室气体排放的全球排名中名列首位，中国在国际气候谈判中面临的压力越来越大。中国在2008年就已经超越美国成为全球温室气体排放最多的国家。美国近几年的页岩气商业开发成功使天然气价格大幅下降，煤电比重已经跌至 40% 以下，气电比重超过煤电已然指日可待。能源技术革命将使美国的温室气体排放大幅下降，美国因此得以在气候谈判上转而居于主动地位。奥巴马政府已出现积极转变，开始强调要承担减排义务。在这种变化趋势下，中国在国际减排谈判中成为被瞩目的焦点或在所难免。

由此可见，讨论中国的能源安全必须重点解答这些问题：如何安全、持续、稳定地获得有效的能源供应？如何使能源供应与经济发展模式取得平衡？如何使经济发展与环境保护实现双赢？

而欲解答以上三个问题，就必须重新审视当前中国"能源安全"的实质，明确安全之所系。而构建真正的能源安全，则应该树立这样几个观念：

（1）摆脱能源安全直接等于加大供应的传统理念，供求双方要科学协调，以满足合理的能源需求。

（2）将能源的科学高效利用作为实现中国能源安全的重要环节，使"能源生产、利用与环境保护并重"理念成为中国能源安全战略中的重要内容。

（3）站在国际能源版图前谋求中国的能源安全。人类文明形态的进步始终伴随着能源革命，中国应紧紧跟上能源结构的优化、能源效率的提高、能源科技的进步、能源价格的变动等国际趋势，抓住机遇，用国际视野和长远的战略眼光致力于能源产业的振兴和能源技术的提高。

习近平总书记在 2014 年 6 月中央财经领导小组第六次会议上给中国的能源安全战略定下基调——"推动能源体制革命，还原能源商品属性"，并着重强调了五个实现中国能源安全战略的途径，即消费革命、供给革命、技术革命、体制革命和国际合作。其中关键点在于，中国实现能源安全战略必须以提高能源利用效率为基础。能源安全既要通过稳定供给、合理的价格和运输安全实现，也必须要依靠能源高效利用和节能和保障。而习近平总书记所强调的消费革命、供给革命、技术革命、体制革命和国际合作是提高中国能源效率、实现能源安全的根本途径。

实现能源的科学供给和利用、满足合理的能源需求，是解决中国能源安全问题的根本途径。一方面应重视"节流"，充分考虑中国能源安全目前面临的挑战，通过设计、生产、贸易、运输及消费等各个环节控制能源消费总规模，通过推广节能和提高能源利用效率，切实调整我国能源供应和消费结构，甩掉经济发展模式上的"高碳"标签，提升中国的能源自给水平和供给保障能力。另一方面应重视"开源"，在谋求提升对国际能源市场的影响与控制能力的同时，在国际市场和国内能源生产中寻找更为有效、稳定的能源供应源。

2013 年中国公布的《大气污染防治行动计划》正在对电力工业的发展态势和布局带来深刻的变革，尤其煤电的发展受到了限制，特别是在京津冀、长三角、珠三角三大经济带。而关于新能源发电的事业还有很多争论，例如，风电、太阳能发电被电力生产业界称为"优质能源劣质电"，因为这些新能源发电虽然是环保、低碳的，但是这种电力需要调峰电源支撑，成本偏高而稳定性较差，且不能及时满足需求。

同时，限于中国页岩气和页岩油埋藏地区及开采技术和开采成本等因素的制约，在目前情况下中国尚难以复制美国的页岩气革命。

而在实现技术革命的前提下，充分发展核电无疑是保障中国能源安全的一个重要途径。众所周知，核电与传统发电成本比较便宜许多，而且由于核燃料的运输量小，因此核电站可以建在最需要的工业区附近。但发展核电除了要筹备较大的资金投入、实现科学合理的布局、尽快实现第三代自主技术的完善与验证等之外，尤其重要的是，要正视公众对于核电的恐惧情绪，要通过加强技术研发全面提高核电技术的安全性，要完善各项法规标准，提高电站运行监管水平，要尽快出台国家原子能法，构建核电安全保障体系，从而确保实现全民放心的核电发展。

从第一座核电站建成以来，全世界投入运行的核电站达400多座，这么多年来基本上都是安全正常运行的。虽然有1979年美国三里岛压水堆核电站事故和1986年苏联切尔诺贝利石墨沸水堆核电站事故，以及日本福岛核电站事故，但在相当程度上可以说，这几次事故都与人为因素相关，即灾害与影响本可控制在一个很有限的范围内，甚至可以避免严重灾害的发生。在可靠的技术保障和管理下，核电是污染更少、更安全、更经济、更稳定、更可持续的能源。

中国发展核电首先要追求规模，稳步提高核电比重，加大开工投产规模。同时，发展核电还应该重视核电的小型化，小型核电可以建设在负荷中心，实现较好的经济性和安全性。一方面要大型化和小型化并举，一方面应尽早规划"东部核电带"，尽快启动东部沿海核电项目，稳步推进中部地区核电建设布局。

习近平总书记特别强调要抓紧启动东部沿海地区新的核电项目建设。为了完成到 2020 年在运 5800 万千瓦的目标，高层此番再提核电加速，产业发展确定性更大。

然而，由于技术路线不明朗、高端设备不到位、审批慢等问题，2014 年上半年仍然无机组开工。因此，为实现发展核电的目标，就必须加快体制机制革命，进行科学的顶层设计，实现安全唯一化、投资多元化、运营专业化、技术设计集团化、制造市场化、施工社会化、核燃料循环一体化等。同时必须综合考量财政能支撑、电价能承受、系统能消纳、成本能下降、技术能自主 等必要因素。

纵观人类历史，文明的进步和社会急剧变化的背后，都伴随着一场场轰轰烈烈的能源革命，但过去我们却往往处于某种变革的关键时刻而不能自知。如从薪柴到煤炭的转换而出现的蒸汽机革命，以及向油气的转换而出现的内燃机革命，中国都曾远远落后于当时世界进步的步伐，其直接的教训便是充满屈辱的百年近代史。而初期以核反应堆为代表的第三次能源革命进行至今，似乎已经随着人们对能源安全与能源洁净需求的日益增加而悄然改变了发展的方向。就在我们审视中国的能源安全问题并集各方智慧和努力寻求解决之途时，太平洋彼岸的一场能源革命正方兴未艾，甚至有人已经预言，这场革命必将全方位地改变世界，重新使美国居于世界经济发展的领导地位，甚至有人说，21世纪或许会成为美国的世纪。

面对这场来势迅猛的或将给整个世界带来巨大变化的能源变革，中国如何才能满足自身日益增长的能源需求？如何才能从不断加深的石油困境中解脱出来？如何才能彻底改变以煤为主导的能源消费结构所带来的气候变化与环保压力剧增的尴尬局面？我们深感挑战与责任重大。

十分感谢我年轻睿智而充满探索精神的团队——中国社会科学院研究生院国际能源安全研究中心的各位特聘研究员们，他们充满了使命感和责任感的深入研究和勤奋工作，使本书得以在较短的时间内面世，如果我们的一些观点与分析能对关心、关注祖国能源安全的同行们、同学们和朋友们有所助益，则幸甚！

谨序。

四大战略筑牢中国能源安全基石[*]

11 月 19 日国务院办公厅发布《能源发展战略行动计划（2014-2020 年）》（以下简称《战略行动计划》），标志着我国能源战略有了明确的中长期规划。《战略行动计划》提出了节约优先战略、立足国内战略、绿色低碳战略、创新驱动战略四大战略计划，为我国能源战略的实施指明了方向，为中国能源安全筑牢了基础。

一 节约优先，不能依靠粗放增加供给来满足需求

确保我国能源安全，必须推动能源消费革命，抑制不合理的能源消费。目前我国发展方式依然粗放，能源密集型产业比重偏大，钢铁、有色、建材、化工四大高耗能产业用能

---

* 本文原载于人民网人民财评栏目，2014 年 11 月 20 日。

约占一半。单位国内生产总值能耗约为世界平均水平的1.8倍，不仅远高于发达国家，也高于巴西、墨西哥等发展中国家。较低的能效水平，与我国所处的发展阶段和国际产业分工格局有关，但也反映了我国发展方式粗放、产业结构不合理。

当前，应当重新审视我国"能源安全"的实质，摆脱"安全＝加大供应"，即依靠粗放供给满足过快增长需求的习惯思维，而转变为"安全＝效率"，即以科学供给满足合理需求的观念。大力倡导节能型经济发展模式，全面推广节能技术、清洁能源技术，是解决我国环境与能源安全问题的关键手段。

能源安全战略的首要任务就是建立节能型社会。在欧美等发达国家，节能被看作一种重要的能源利用形式，甚至被称为"第五燃料"。各国积极推动智能电网、电动汽车、智能交通等新技术的开发，旨在以先进技术提高能效。

二　立足国内，把能源自给能力保持在85％左右

《战略行动计划》提出，要求坚持立足国内，将国内供应作为保障能源安全的主渠道，牢牢掌握能源安全的主动权。确保粮食和能源供给安全是国家实力的重要象征。1973~1974年中东石油禁运、1979年伊朗伊斯兰革命，以及1990~1991年因伊拉克入侵科威特而引发的海湾战争，曾造成了西方国家石油供给的暂时性中断，给依赖石油进口的西

方国家的经济发展和社会秩序带来严重冲击。

目前，国际能源资源的竞争日趋激烈。虽然当前世界能源版图呈现供应方和需求方同时"多极化""多元化"的局面，客观上有助于降低能源进口国成本，但全球能源消费需求不断增加，能源资源供给长期偏紧的矛盾将仍然突出。从国内看，我国常规化石能源供应不足，石油对外依存度从21世纪初的26%上升至近60%，天然气对外依存度也已突破30%。

当前和未来一段时间内，我国能源安全还面临严峻挑战。对此，我国必须加强对国内能源资源的勘探开发，完善能源替代和储备应急体系，增强能源的供应能力。

三　绿色低碳，推动天然气、核能和可再生能源发展

我国能源结构的突出特点是"多煤少油缺气"。当前，无论是从保障能源供给安全的角度，还是从保障生态安全的角度，推进能源供给的多元化和低碳化都非常必要。我国能源结构以煤为主，煤炭占一次能源消费近70%，同时煤炭开发利用方式粗放。数据显示，目前煤炭在能源消费中占比超过50%的主要经济体只有中国和印度。

天然气作为一种相对清洁的化石能源，日益受到各国重视。在2012年全球能源消费结构中天然气占比为23.9%，而在我国其占比仅为约5%。大力开发和进口天然气势在必行。同时，我国要安全高效地发展核电，在做好安全保障的基础

上，加快重启东部沿海核电站建设。

我国还要加快发展风能等其他可再生能源。坚持集中式与分散式开发利用并举，以风能、太阳能、生物质能利用为重点，大力发展可再生能源。协调配套电网与风电开发建设，合理布局储能设施，保障风电并网运行。

高效、清洁已经成为世界能源的发展方向，世界能源将跨入石油、天然气、煤炭、可再生能源和核能并驾齐驱的新时代。当前，我国应大力推进煤炭的清洁高效利用，着力发展非煤能源，形成煤、油、气、核、新能源、可再生能源多轮驱动的能源供应体系，同步加强能源输配网络和储备设施建设。

四　创新驱动，能源体制机制创新与技术创新并重

《战略行动计划》提出了创新驱动战略，要求深化能源体制改革，加快重点领域和关键环节改革步伐，充分发挥市场在能源资源配置中的决定性作用。它还提出，到 2020 年，要基本形成统一开放竞争有序的现代能源市场体系；同时，应加强能源科技创新体系建设，依托重大工程推进科技自主创新，建设能源科技强国。

当前，我国能源行业的体制约束日益显现，能源产业行政垄断、市场垄断和无序竞争现象并存，能源的价格机制不够完善。这迫切需要坚持深化改革，充分发挥市场作用，理顺价格机制，构建有利于能源可持续发展的体制机制。同

时，我国能源自主创新能力不足，能源装备制造整体水平与国际先进水平相比仍有较大差距，关键核心技术和先进大型装备对外依赖程度较高。加快能源领域科技创新能力建设，首先要加强对能源基础科学的研究，充分发挥企业的主体作用，加快先进适用技术的研发，通过重大科技示范工程带动技术进步。

中国应借"一带一路"参与全球能源治理*

在过去一年里，世界能源领域暗流涌动：乌克兰危机的影响未可估量，相关各方的能源对弈尚未分出胜负；美国的页岩油气开发取得了举世瞩目的成就，但其是否能够应对油价低迷的挑战尚待时间检验；是全面放弃还是重启核电开发，也成为很多国家政府苦恼的选择题；东北亚地区是否会成为俄罗斯能源战略调整的支撑点，也让我们拭目以待。

总体来看，国际能源市场呈现出供给充足而需求乏力的局面。从能源供给方面看，沙特阿拉伯等石油输出国组织成员为维持既定市场份额而拒绝减产，同时页岩气革命使美国从能源进口大国成为潜在的能源出口大国，国际油价下跌趋势持续至今，全球原油供给过剩的趋势也将进一步加剧。此外，各国积极发展新能源和可再生能源，尤其是在电力工业

* 本文改写自黄晓勇教授 2015 年 6 月 15 日在第四届全球能源安全智库论坛暨《世界能源发展报告（2015）》发布会上的发言。

方面，可再生能源已经成为不可轻视的能源供给源。

而从能源需求方面看，世界主要国家的经济仍处于低迷状态。根据联合国发布的预测报告，2015 年和 2016 年世界经济增速预计将分别为 3.1% 和 3.3%，经济的低速增长无疑会使能源需求增速放缓。

身处目前的国际能源局势，中国的能源安全迎来了前所未有的机遇与挑战。我国正在通过全面深化改革转变经济发展的方式，推进国内能源革命的进程。

对于当前正推进能源生产和消费革命的中国来说，以下五点值得重视。

第一，应积极推进新能源和可再生能源发展进程，加快煤炭行业改革步伐，加大节能减排力度，通过能源结构改革促进环境改善。

第二，应以新型城镇化为契机，积极进行更大范围、更深层次的能源消费结构调整，并重点关注建筑设计、工程、材料利用、交通基础设施建设和产业布局的结构优化。

第三，加强对能源开采和能源利用技术的开发研究，提高能源使用效率，发挥能源技术所具有的产业带动作用。

第四，加快能源体制改革，尤其是能源定价机制改革，还原能源的商品属性，形成有效竞争的市场机构和市场体系。

第五，从国际方面看，中国应以"一带一路"建设为载体，加强与沿线国家开展的能源合作，包括建设畅通的能源输送通道，扩大与沿线国家的能源贸易规模，深入开展能源技术合作，以及在促进能源领域互利共赢的同时形成有影响力的新能源交易中心和能源金融中心。

　　作为世界能源消费大国，中国应积极参与全球能源治理。在此领域，中国正在借助"一带一路"的建设，同沿线国家一道为加快构建亚太能源安全体系而努力。同时，中国也正积极地通过上海合作组织、亚太经合组织非正式会议、上合组织峰会等平台，建立能源协调新机制，形成能源合作的共识和互信。

以"一带一路"促进亚洲共同能源安全[*]

一 "一带一路"推动沿线各国发展战略对接与耦合

中国不仅是推动全球经济增长的主要动力来源,也是扭转全球经济下滑趋势、推动全球经济复苏的重要力量。中国的经济增长放缓,对国际大宗商品供需、国际贸易和资本市场都会产生不利影响。因此,世界各国越来越关注中国的经济政策在维护世界经济稳定增长和可持续发展方面所发挥的重要作用。中国经济的规模、实力,及其对世界影响的深度、广度,决定了中国在全球经济发展中需要承担相应的责任。

全球化时代下的"一带一路"倡议具有高度的开放性。中国政府曾多次表明,鼓励各国自愿参与"一带一路"建

---

* 本文原载于《人民论坛》2015 年 8 月刊。

设，遵循市场规律和商业规律，各方平等互利。"一带一路"
与其他既有的地区机制和倡议并行不悖。

推进"一带一路"建设既是中国扩大和深化对外开放的
需要，也是其加强和亚欧非及世界各国互利合作的需要，更
是亚欧非大陆实现经济和社会的广泛融合发展的历史机遇。
但是"一带一路"并不是中国一家的发展战略，而是中国向
国际社会发出的全球性倡议。该战略旨在促进经济要素的有
序自由流动、资源高效配置和市场深度融合，推动沿线各国
实现经济政策协调，共同打造开放、包容、均衡、普惠的区
域经济合作架构，其在根本上是各国共同的事业。因此，中
国不会以一家独大为目标，而是会努力更好地发挥自身全球
经济引擎的作用，为全球经济好转提供重要推动力。"一带
一路"的互联互通将推动沿线各国发展战略的对接与耦合，
改变区域发展格局，提高区域市场效率，促进投资和消
费，创造需求和就业，促进沿线各国人民的人文交流与文
明互鉴。

二 实现共同能源安全是"一带一路"的重要内容

亚洲拥有全球的六成人口，是当今世界最具经济活力和
增长潜力的地区，其经济体量约占全球经济总量的 1/3。亚
洲是能源需求增长最快的地区，同时也是能源进口量快速增

长的地区，这导致全球能源供需格局在近年出现了需求重心加速东移的现象。亚洲的能源安全关乎全球能源和经济的安全。目前，亚洲各国在资源禀赋上差异很大，地区经济发展水平也很不均衡：部分国家能源资源丰富，但是经济欠发达，铁路、公路、桥梁、港口、机场和通信等基础建设严重不足，无法依靠资源实现经济腾飞；而大多数国家能源无法自给，需要从亚洲以外地区进口，能源进口的高成本制约了其国民经济效益的提升，而且能源需求冲突易引发区域内国家间的冲突，进而会影响亚洲整体实力的提高。因此，亚洲各国具有能源合作共赢的巨大潜力，能源合作成为亚洲地区发展的关键因素。但是，亚洲地区面临着比较复杂的地缘政治形势，在现阶段尚未实现有效的跨国经贸合作，也未能建立起区域能源市场。实现亚洲共同能源安全需要新的思路，这是"一带一路"的重要内容。

在此形势下，中国承担大国责任在能源领域体现为两个层次：一是积极参与全球能源治理，加强与世界各国的沟通合作，共同维护国际能源市场及能源价格的稳定；二是积极参与亚洲能源市场建设，与亚洲各国协调发展，实现共同的能源安全。在"一带一路"的战略框架下，中国将继续深化与沿线国家在油气领域的合作，在新油气市场格局的构建中发挥更大作用，提高能源资源、基础设施、工业产能、金融资本的利用效率，从而为中国的经济社会发展提供更加持续稳定的油气供应，同时也为整个亚太地区的经济发展创造更好的市场环境，发挥并增强中国在区域治理及全球治理中的重要作用，展现出一个负责任大国应该具有的形象。

三 以互联互通推动区域能源市场融合发展，畅通能源输送通道

互联互通是"一带一路"的基础，以政策沟通、设施联通、贸易畅通、资金融通、民心相通为主要内容。通过加强能源与交通基础设施的建设、加强商业金融与投资，可以促进互联互通并加速亚洲区域能源市场的一体化进程，从而形成能源经济的优势互补，有助于消除亚洲各国之间的发展鸿沟。针对能源富集地区自有资金不足、融资能力不强的问题，中国倡议设立亚洲基础设施投资银行（简称"亚投行"），为亚洲地区发展中国家的基础设施建设提供资金支持，并与世界银行、亚洲开发银行等现有多边开发银行在知识共享、能力建设、人员交流、项目融资等领域开展合作，共同改善亚洲地区的基础设施融资环境，促进亚洲的经济和社会发展。"一带一路"建设重点之一是畅通能源输送通道。"一带一路"辐射的区域东临亚太经济圈，西接欧洲经济圈，同时与非洲相连，在地理上与中国能源进口的陆上和海上通道相吻合。在尊重相关国家主权和安全的基础上，中国在"一带一路"框架下将与沿线各国共同推进主要交通和能源基础设施的建设：一方面，逐步形成连接亚洲各次区域以

及亚非欧大陆的基础设施网络，实现公路、铁路、管道、航空、航运等交通设施的互联互通，从而提供相临产业、货物贸易和资源能源等领域的直接合作机会；另一方面，共同维护输油、输气管道等运输通道的安全，推进跨境电力与输电通道建设，积极开展区域电网升级改造合作，为区域能源市场的建设打下坚实的基础。

四　分区域推动亚洲能源市场建设，增强彼此互信和谅解

亚洲能源市场的建设不是一蹴而就的，有步骤、分区域的推进更符合实际情况也会更加有效。中国可以分别与东北亚、南亚、中亚、东南亚各国开展地区能源市场的建设。

由中国、日本、韩国三国构成的东北亚是世界上能源需求量较大的地区。基于共同能源安全观和"一带一路"倡议，能源领域可以成为三国合作的切入点。特别是近期国际油气价格的暴跌与油气市场的供大于求缓解了能源竞争压力，这种形势有利于三国之间合作竞争关系的构建，即用合理的代价获取所需的能源资源，以加快各国国内经济和能源结构的优化。三国应尽快启动天然气等能源项目的合作，提高东北亚地区与天然气进口国的议价能力，实现合理定价，共同推进东北亚能源市场的形成，努力推动能源合作多边机制的建设。

南亚是世界上经济最不发达的地区之一，因此，在"一

带一路"建设中，南亚具有重要意义。"一带一路"的第一
步就是建立中巴经济走廊，从而增强中国、巴基斯坦以及
阿富汗之间的经贸往来。"一带一路"还提出旨在打通"缅
甸—孟加拉国—印度东部"通道的基础设施建设计划，以提
高陆上交通效率，减轻进口能源海运过程中对马六甲海峡的
过度依赖。印度是南亚地区面积最大的国家，但与中国类似，
其面临着人口总量庞大、国内油气资源相对匮乏的问题。中
印可以在共同的能源安全理念下，选择在能源安全保障、能
源技术利用等关键领域开展合作，并将这些合作纳入"一带
一路"框架，这有利于扩大两国的共同利益，也有益于双方
提升能源自给水平、提高能源利用效率、实现绿色发展。

　　中亚地区拥有丰富的能源资源和市场潜力，是"丝绸之
路经济带"的重点发展区域。与东北亚和南亚的竞争型合作
不同，中国在中亚面临的是能源经济的互补型合作。中国将
在"一带一路"框架下建设俄罗斯西线天然气入境管线、阿
塞拜疆—土库曼斯坦油气管线、阿塞拜疆向西通往地中海的
油气管线，从而推动实现里海两岸能源基础网络的互联和中
亚地区电力网络的互联，促成中国西部、中亚五国、西亚地
区、里海沿岸地区经济的融合发展。

　　东南亚地区人口众多，也是油气资源富集区，但是区
域内单个国家的能源体系都比较薄弱。与"一带一路"在中
亚的情况相似，中国与东南亚各国具有很强的能源经济互补
性。目前东南亚地区已经成为中国石油、天然气和煤炭的重
要进口来源地，在天然气终端建设、陆上能源通道、电力网

络建设方面双方还有广阔的合作空间。

在与中亚和东南亚开展的合作中，中国应坚持"能源输入"和"能源输出"并存的思路，强调中国不但为能源输出国提供稳定的需求，而且还是广义上的"能源输出大国"：中国将扩大对沿线各国油气企业的并购和投资力度；扩大油气贸易规模和贸易频度；通过能源资源就地、就近加工转化合作，在沿线国家建立相应的炼油厂、发电厂，延伸油气产业的下游产业链；加强在能源资源深加工技术、装备与工程服务方面与各国的合作；使部分油气资源直接在当地转换为能源消费产品，以满足沿线国家对能源的需求，并带动沿线国家能源行业和地区经济的发展，让相关国家的人民享受到"一带一路"合作共赢和实现共同能源安全的成果。这不仅可以缓解相关国家的能源紧张局面，也降低了能源输向中国的政治风险，有利于"一带一路"倡议的实施和沿线国经济的可持续发展。同时，中国政府还应利用在可再生能源、低碳技术等领域的科技突破和产能优势，积极与"一带一路"区域内的各国共同推进在水电、核电、风电、太阳能等清洁、可再生能源方面的合作，发展当地循环经济，实现能源的绿色发展。

总之，"一带一路"倡议有助于亚洲各国建立统一、高效的共同能源市场，各国应以开放、合作的政治理念和战略导向，进行能源政策、项目上的跨国协调，提高能源资源的利用效率。随着"一带一路"倡议的实质性推进，亚洲各国将更好地了解该倡议中蕴含的"独乐乐不若与众乐乐"的中国传统思想，这将促进各国积极参与"一带一路"倡议框架下的各类能源合作。"一带一路"各参与国之间展开能源合作，必将促进亚洲共同能源安全的实现，加速亚洲经济增长，进而推动世界经济发展，并降低全球安全局势的紧张程度。

以能源革命为中国经济转型
提供强大动力*

　　国家气候变化专家委员会专家在 2015 北京能源论坛上披露，北京空气中 PM2.5 的 2/3 和温室气体的 3/4 来自化石燃料。我在北京一个无风的冬日为《中国的能源困境与出路》写前言，心情多少犹如窗外的空气一样混沌而迷离。

　　一方面，煤炭在目前中国一次能源消费中的比例仍高达66%；另一方面，在各类能源普遍处于紧缺状态的表象之下，中国能源的有效利用率仅为 12%，另外的 88% 在开采、加工转换和储运及终端利用过程中被损失和浪费。同时，中国东部地区单位面积的煤炭和石油消耗分别已达全球平均水平的12 倍和 3 倍，单位面积的环境负荷也高出全球平均水平的 5倍以上；即便是按人均，中国的二氧化碳排放量已然达 10吨，超过了欧盟、日本等发达经济体的历史最高水平。

　　自国家"十二五"规划实施以来，山西、陕西、贵州

---

　　*　本文为《中国能源的困境与出路》（黄晓勇主编，社会科学文献出版社，2015）的前言。

等煤炭资源大省的煤化工、煤电项目快速增长，资料显示，2015 年 1~10 月，中国煤电企业新增发电生产能力达 4336 万千瓦。有专家测算，到 2017~2018 年，我国煤电生产能力过剩的问题将会十分严重，若在建的燃煤电厂如果在 2020 年前全部投产，将可能导致约 2 亿千瓦的过剩装机，同时也会导致 7000 亿元的投资损失。

这些严峻的现实让我们对习主席提出的中国"能源革命"和进行"供给侧结构性改革"有了更深刻的理解。中国能源所面临的困境，正是每个中国人都在经历的现实困境，经济发展与社会进步要求中国的能源结构进行变革。

当年英国治理雾霾，用 10 年时间使污染物降低了 80%，用 20 年间使石油替代了 20% 的煤炭、用天然气替代了 30% 以上的煤炭，最终使煤炭占能源结构的比例从 90% 下降到了 30%。这组简单的数字显示的只是一种结构的变化，但它所包含的却是一场由能源的生产革命、消费革命、技术革命和体制革命共同构成的深刻的变革及其成果。目前，煤炭在中国一次能源中的比例还停留在将近 100 年前世界能源结构的水平上。这种差距的确令人忧心忡忡、惶惶然，但同时这一巨大的差距也意味着机遇，意味着改革、发展与进步的可能性和空间，至少我们可以获得一种启示和信心，北京的"APEC 蓝"或"阅兵蓝"的常态化是可以通过人为努力实现，关键在于决心、措施与坚持。

中国已经是世界上最大的能源生产国和消费国，但考虑到中国石油和天然气自给率分别为 40% 和 68%，稳定和安全的供应的课题的确重要，但同时我们也应认识到，实现中国的能源安全，更要从优化能源结构的角度统筹能源生产，正确理解"提高电煤比重"的内涵，加快发展可再生能源及天然气、核电等非可再生清洁能源，促进太阳能、生物质能、海洋能等可再生能源入网。

经济发展的目标在于让自己的国民享受更自由、更富足的幸福生活，以牺牲环境和人们的健康为代价换来的高速增长与 GDP 绝不是理想的结果。让人们有尊严地共享改革开放以来中国经济繁荣的成果，就必须消除雾霾、整治污染。因此中国必须尽快从煤炭时代进入油气时代，进入传统能源和新能源相结合的能源清洁利用时代。而能源利用技术的突破是这场能源革命的关键，这不仅能为以稳定供给、清洁生产和绿色消费为目标的能源革命提供保障，而且能为中国经济成功升级转型提供强大的动力。

从世界工业革命以来的历史可以十分清楚地看到，能源转型和能源利用技术革命是推进工业文明和社会进步的关键，引领人类社会进入每一个新的历史时代。在这个过程中人类迄今所积累的成功的经验或失败的教训，对于中国解决能源困境寻求出路而言都是极其宝贵的。他山之石可以攻玉。在当今我们致力于推动将中国声音向世界传播的同时，似乎还应潜下心来继续做信息的接收者和学习者。虽然不能奢求每一种成功的案例我们都能够即用即灵，但理性地学习和睿智地借鉴或许正是可以帮助我们顺利过河的"摸得着的石头"，并且还可能会帮助我们避免在"必须缴纳学费"的借口和掩护下付出巨大的代价。

　　分析人类能源革命和社会进步之间的规律，剖析当今世界能源格局中中国所面对的严峻课题，尝试为中国能源目前的困境寻找突围的方向，我和我的团队——中国社会科学院研究生院国际能源安全研究中心各位特聘研究员，基于上述出发点而展开了执着而大胆的探索，并推出此书，倘能对关注中国能源问题的各位研究界同仁、实业界朋友能够有所助益，则幸甚。

抢抓机遇，争取原油定价话语权[*]

当前，我国已成为全球最大的石油净进口国，但在原油定价机制方面仍缺乏话语权、影响力。油气领域"亚洲溢价"的问题仍十分突出，特别在国际原油供求趋紧的时候，亚洲国家在油气价格上更是处于被动地位。

随着欧美的石油消费总量逐步下降，欧美交易所的价格已难以反映亚洲油气市场的供需状况。可中国在成品油零售环节至今依旧参考 WTI 和布伦特原油期货定价，这导致我国成品油的定价不能反映国内市场的供需情况。

低油价使全球油气供需格局发生变化，这是中国争取原油定价话语权的难得契机。

中国应主动参与高水平竞技，积极地投身国际原油期货、现货贸易，建立有利于亚太地区原油、成品油市场定价利益的合作关系，为今后话语权和软实力的提升打下基础。

---

* 本文原载于《中国石油报》2016 年 1 月 24 日。

要从点滴的信用积累入手。欧美定价话语权的形成不是一两天的结果，WTI 和布伦特原油期货价格都经受住了时间的考验：一方面，欧美各国已形成了交易的固定模式和标准，并有完备的法律保障体系；另一方面，欧美大型石油公司在交易过程中，起着稳定市场的润滑剂作用，它们通过将企业贸易制度与市场法律体系有效衔接，形成了买卖双方信得过的原油期货交易平台。中国企业应与国际体系接轨，在有效法律框架保护下形成信用体系。

要完善企业的贸易金融体系。从此次油价下跌中，我们可以看到美元与石油的关系在逐渐弱化，美元在石油贸易结算中的比例在减弱。中国油气企业在这个过程中一定要把握机遇，借人民币加入特别提款权（SDR）的契机，积极推动人民币在石油贸易领域的结算比例，在贸易活动中有效保障自身权益，同时提升中国在国际贸易领域的话语权。

中国战略石油储备任重道远，
应居安思危*

  国家统计局日前发布消息，国家石油储备一期工程建成投用，包括舟山、镇海、大连和黄岛等四个国家石油储备基地，其总储备库容为1640万立方米，储备原油1243万吨。1243万吨的石油储备是多是少，是很多人关心的话题。

  一个国家的能源储备主要分为战略储备和商业储备。战略储备是一种由政府控制的资源，只有在发生战争或严重自然灾害时才投放，用于保障国家能源的持续供给。商业储备则是石化企业或其他经济体负责建设的储备，以平抑剧烈的价格波动为目的。

  2001年3月，中国政府首次提出石油资源战略。2003年，中国正式启动国家石油储备基地计划，决定用15年时间分三期完成石油储备基地的硬件设施建设，三期工程全部投用后将使中国的原油战略总库存提升至5亿桶（约合6821万吨）。

  就当前的建设情况而言，中国石油天然气集团公司2014

* 原载于人民网人民财评栏目，2014年11月28日。

年 1 月发布的报告显示，截至 2013 年底，中国战略原油储备能力已达到 1.41 亿桶。按中国 2013 年每天消耗石油 139 万吨的规模静态计算，当前我国战略原油储备只够使用 8.9 天，商业原油储备可用 13.8 天，全国原油储备的静态能力总共约为 22.7 天。

中国的石油消费规模还在逐年增长，2013 年的石油消费量就同比增长了 3.8%。中国石油天然气集团公司经济技术研究院曾根据需求预测模型的计算结果，在综合考虑替代能源发展情况的基础上，初步判断我国石油需求峰值为 8.1 亿 ~8.7 亿吨，大概在 2040 年到来。这就意味着中国的石油需求峰值比 2013 年 5.074 亿吨的消费量还高六成以上。若以石油需求峰值来动态估测，即便战略储备建设全部建成投用，战略石油储备也只够正常使用 28.5~30.5 天。

此外，中国的原油对外依存度在 2013 年 58.1% 的基础上将会继续提升。无论是静态计算还是动态估测，中国的石油储备能力都远低于国际能源署设定的 90 天的安全标准，更低于其净进口成员国平均 172 天的现有水平。相较而言，日本已具备 165 天的石油储备能力，美国的石油储备能力更是达到了 240 天，而且美日等国的石油消费量已达到或者接近峰值。

我国石油进口在过去多年里存在"越买越贵"和"越贵越买"的问题，石油储备的调节能力不足就是导致这一现象的原因之一。也就是说，国内目前没有足够的存储空间能在油价较低时加大进口。

　　除了对价格的调节作用，能源储备在军事战略中的保障功能更是意义重大。美军对华作战的"空海一体战""离岸制衡"等方案，都可能切断中国的能源进口通道。如果真的发生封锁战，中国与美日在石油等能源消耗战中的悬殊差距，很可能使中国陷入十分被动的状态。

　　此外，我国石油储备一期工程四个储备基地的储备库都建在沿海的地面上，地面储备罐群不仅占地面积大，而且容易暴露目标。二战时期的美国太平洋舰队总司令尼米兹海军上将曾说过："在珍珠港事件中，美军舰队的所有燃油都在地面的储备罐里。大约有450万桶油，只要用直径50毫米的弹头射击就可以让它们完蛋。如果日本人摧毁了那些油罐，战争就要延长两年。"或许正是出于这种担忧，美国现今的战略石油储备具有极高安全性，即使储备库周边遭到原子弹袭击也能安然无事。

　　因此，石油储备一期工程的投用，对中国的经济发展和国防建设有着重要的保障功能。同时我们也必须看到，在目前情况下，中国能源安全仍面临很大风险。建立完整的石油战略储备体系和安全的石油储备基地与设施实可谓任重道远。

中国页岩气开发的现状、问题及对策*

近年来，国际社会普遍认为页岩气开发是全球能源领域的一场革命。页岩气开发不仅能大幅提高一国能源自给率，而且也能改变一国的能源消费结构。相对清洁的页岩气开发对我国具有很大的战略意义，因此，扶持页岩气开发行业有助于我国提高能源自给率，也有助于改善我国一次能源消费结构。基于对贵州遵义和重庆涪陵两个地区页岩气开发项目的大量实地调研，本文归纳了我国页岩气资源开发行业的现状及其面临的实际问题，并在此基础上提出了具有针对性和建设性的对策建议。

一 我国页岩气勘探开发行业的现状和特点

据专家预测，我国页岩气可采资源量为 25 万亿立方米，

---

* 本文原载于《人民论坛》2016 年 3 月刊。作者为中国社会科学院研究生院院长、国际能源安全研究中心主任黄晓勇，中国社会科学院研究生院亚太系世界经济专业博士研究生刘先云。

超过了常规天然气资源。国土资源发布的数据显示，2014年我国页岩气产量为13亿立方米，相比2013年2亿立方米和2012年2500万立方米的产量增长十分迅猛。特别是中国石化江汉油田管理下的重庆涪陵页岩气田，其探明储量已超过1000亿立方米，2014年其产量已达10.3亿立方米，成为国内首个商业化开发大型页岩气田。涪陵页岩气项目的成功，使中国继美国、加拿大后成为世界上第三个实现页岩气商业开发的国家。

以贵州遵义的凤冈县为中心的页岩气勘查项目是此次调研的主要对象之一。该项目于2013年由国土资源部公开招标确定，共有3个区块，主要涉及凤冈县、湄潭县、绥阳县等7个县，总勘查面积为3251.275平方公里。据初步估算，3个区块的总资源量为2455亿~3987亿立方米，目前的勘查已经完成总工作量的30%，完成勘查总投入的40%，初步发现页岩气赋存"甜点"区350平方公里。

此次调研的另一目的地涪陵页岩气田，是国内最成熟、最早实现商业化开发的页岩气项目。2013年9月，国家能源局批复同意设立重庆涪陵国家级页岩气示范区，示范区面积约为7300平方公里。经过近几年的技术攻关，中石化江汉油田涪陵页岩气公司的开发技术已达国际先进水平，并且已基本实现关键设备的国产化，令开采成本大幅下降。目前单口水平井的开发成本已经从1.2亿元左右降至5000万~7000万元，钻井周期从5~7个月缩至2~3个月，最短只需46天。中石化在页岩气资源的评价体系、工艺技术体系和压裂装备研发制造等方面取得了重要突破。

二 我国页岩气开发面临的难题

近几年我国页岩气开发在产量增长与技术和设备的国产化等方面均取得了可喜成就，但由于我国地质勘探工作滞后、全国范围内的页岩气资源评价不足，以及资源管理体制不健全、投资主体单一等因素，未来的页岩气开发前景仍然不容乐观，能否实现 2020 年页岩气产量 600 亿~1000 亿立方米的目标仍然无法确定。笔者在调研中发现，我国页岩气开发事业主要还存在八个方面的问题。

第一，地质勘探工作滞后，资源情况尚不明确。我国具备页岩气大规模成藏的基本条件，但并未系统开展全国范围内的页岩气资源调查和评价，对其资源总量和分布尚未完全掌握。我国勘探开发页岩气的时间还不长，相关地质资料也远远不足，而地质数据的获取需要一个较长且无法跳过的周期。目前以遵义凤冈为核心的页岩气勘探项目进展慢于预期，其主要原因就在于地质数据的缺失。

第二，关键技术仍有待突破。页岩气的勘探开发需要水平井分段压裂等专门技术，虽然江汉油田涪陵页岩气公司的开发技术已日趋成熟，但对地表 3500 米以下的页岩气仍不具备开发能力。且该技术能否在其他区域复制推广，也是一个具有一定不确定性的问题。

　　第三，地面建设条件较差。我国页岩气普遍埋藏较深，埋藏深度通常大于 2000 米，开采难度大、成本高，且页岩气富集区因地表地形复杂、人口密集而具有较高工程作业难度，因此我国页岩气开发的经济性相对较差。

　　第四，管网建设滞后且建设难度较大。页岩气资源富集区很多集中在中西部山区，因此管网建设难度大、成本高，这将不利于页岩气外送和其下游市场的开拓。目前涪陵页岩气田主要的外送通道为中石化川气东送管道，由于该管道的输送能力已经趋于饱和，涪陵页岩气公司不得不对产能进行适当控制。

　　第五，资源管理机制有待完善。由于页岩气是一种非常规天然气资源，我国应研究制定页岩气资源勘探开发的准入资质，以加快其规模化、科学化的发展。目前我国页岩气开发大规模、多元化的投资机制尚未形成。

　　第六，缺乏足够的鼓励政策。页岩气开发具有初期投入高、产出周期长、投资回收慢的特点，因此需要制定页岩气开发的鼓励政策以加快页岩气产业化。尽管我国相关规划提出要加大页岩气开发的财税支持力度，但各地出台和落实相关税收优惠政策的力度却非常有限。目前我国参照煤层气开发政策对页岩气开发给予了一定补贴，但随着补贴的逐年递减，相关企业开发页岩气的动力可能会逐渐减弱。

　　第七，对环境和资源可能造成破坏。页岩气开发对环境和资源的影响主要体现在：我国页岩气富集区主要分布在人口稠密的区域，页岩气开发将导致与人争地的情况；水力压裂开采法需要一定的水耗，且压裂液中添加的化学物质可能会对地下水造成污染；开采过程可能排放的甲烷及挥发性有机化合物会造成一定的大气污染。

第八，当前国际油价的暴跌可能影响页岩气开发的积极性。目前即使地质条件相对较好且储量丰富的涪陵页岩气项目，其效益也仅能保持比盈亏平衡点略高的水平，如果未来油气价格长期处于低位，将极大损伤企业开发的积极性。

以上八点难题显示出我国页岩气的大规模商业化开发还存在诸多技术和政策上的障碍。我国需要在制度和法律方面逐步为页岩气开发开辟快速通道。

三 推动我国页岩气开发的政策建议

想要更好地开发页岩气资源，就应大力开展页岩气资源的勘探和调查评价。我国页岩气资源的调查与勘探还处于探索起步阶段，应尽快建立起中国的页岩气基础地质理论体系。在勘探方面，亟须加大页岩气开发投入，提高勘探水平。应尽快分析已有区域的地质调查和油气勘查等资料，开展野外地质调查，开展地球物理及地球化学勘查和浅井调查，获取各个地区富有机质页岩的基础资料，尽快查明我国陆上富有机质页岩的分布和基本参数。

要建立页岩气勘探开发多元化投入新机制。目前我国页岩气勘探开发尚未形成大规模、多元化的投入体制。我国需要提高页岩气行业对社会资本开放的程度，将更多优质的区块纳入招投标范围，加快引入有实力的企业参与页岩气勘探开发，推进投资主体多元化。同时，相关部门要制定准入门槛和资质，在杜绝"蜂拥而上"的同时也必须防止出现"跑马圈地"等现象。

要加快页岩气勘探开发关键技术的攻关步伐。我国需要继续坚持技术设备的自主研发创新，加快页岩气勘探开发关键技术水平的提升。通过设立国家科技重大专项等措施，加大对页岩气勘探开发相关技术研发的支持力度。鼓励国内企业及院所与国外研究机构开展勘探开发关键技术联合研究，通过引进国外技术服务和开展对外合作，吸收借鉴国外先进成熟技术，形成能够适用于我国地质构造的勘探开发核心技术。我国还应学习美国经验，培育更多专业化技术服务公司，降低勘探开发成本。

要落实鼓励页岩气开发的财税政策。页岩气与煤层气、致密气同属非常规天然气，页岩气勘探开发在我国仍属幼稚产业，仍需国家扶持。相较于美国对页岩气勘探开发补贴约23年，我国在2020年完全退出补贴制度的规划显得为时过早。笔者在调研过程中发现，由于国税与地税以及不同层级政府之间分税难以达成一致，部分税收优惠政策难以得到有效执行。因此，国家对页岩气开发的鼓励措施应尽快落地。

要完善页岩气利用配套基础设施。天然气管道建设滞后已经成为阻碍天然气开发的重要因素。当前我国一方面要尽可能利用已有天然气管网设施以完成页岩气输出，另一方面应迅速建设新管网。同时，还应在远离天然气管网设施、初期产量较小的勘探开发区，建设小型液化天然气或压缩天然气利用装置，或者就近建设燃气电站，以使页岩气产能得以充分释放。

要加强环境评估工作，同公众进行有效的"环境风险沟通"。可以从四个方面加强此项工作：一是减少工厂化作业的地表植被破坏；二是减少压裂液循环利用的用水量；三是严格钻井规程，杜绝地下水污杂；四是加强环保监测，实现压裂液无污染排放。中石化涪陵项目在这些方面做出了有益的尝试。总体而言，政府部门应加强对相关页岩气开采企业的环境评估、监测，同时，相关企业也必须加强公众沟通，避免发生公众误解妨碍项目进行。

四 结语

我国页岩气储量可观，加快页岩气资源的开发，是当前提升我国油气资源保障能力的重要举措，也是推动我国能源供给革命的重要内容。近年来我国页岩气勘探开发取得了骄人成绩，技术和装备国产化水平也得到了极大提升。但地质勘探滞后、勘探投入保障机制不健全、管网建设滞后等问题，使得我国页岩气勘探开发项目的经济性偏差，严重制约了页岩气大规模产业化开发的进程。我国必须调整页岩气勘探开发的产业政策，完善相关法规和制度，推动页岩气产业的快速、科学发展。

新能源技术大有可为[*]

  作为会议主办方代表，今天我很高兴能受邀参加中国首台静默移动发电站 MFC30 的新闻发布会。借此机会，我谨向参与该项目研制的领导、专家和各位工程技术人员致以衷心的祝贺，同时向各位与会来宾表示热烈的欢迎。

  我们中国社会科学院研究生院国际能源安全研究中心每年推出一本《世界能源发展报告》。近几年来，我们已经发现，燃料电池在发达国家的研究和商业化进展非常迅速。

  据我所知，美国和日本早在 20 世纪 90 年代末，就已经在固体氧化物燃料电池堆技术领域，成功地完成了城市内的实验和调试运行。

  发达国家的政府对燃料电池的研发和实际运用进行了政策扶持。21 世纪初，美国在研发经费方面不断加大投入，并且对安装一定功率的燃料电池供电设备的用户，政府还就其

  * 本文改写自黄晓勇教授 2016 年 9 月 25 日在中国首台静默移动发电站 MFC30 新闻发布会上的发言。

安装费用提供了高额补贴。日本政府也早在 20 世纪 70 年代末和 90 年代初分别制定和实施了名为"月光计划"和"新日光计划"的燃料电池研发计划。该战略在 20 世纪 80 年代末已初见成效。1989 年，美国通用电气和日本东芝合资设立了世界上最大的磷酸型燃料电池发电厂。

我国燃料电池的研发虽然起步稍晚，但进展迅猛。据了解，当前主攻的燃料电池的燃料是氢气，尽管氢燃料电池具有高效、环保等突出优点，但其发展也受很多因素的限制。用氢气作燃料在储存、安全、运输等方面存在问题，寻求合适的贮氢方法或替代燃料、实现车载制氢等均是解决问题的办法。此类技术实现商业化的最大障碍目前有两个：一是成本，二是氢源。为进一步降低成本，国际学界正在开发燃料电池批量生产技术，研制新电池材料。目前可用氢的主要来源有两类：一类是纯氢，其技术已经成熟，但需要建立加氢站；另一类是甲醇或重整制氢。

近日，我国完全拥有自主知识产权的首台静默移动发电站由中氢新能技术有限公司整合多方科研机构研制成功。这一技术是我国《能源技术革命创新行动计划（2016~2030 年）》中列出的 15 项重点任务之一。该项技术成果在汽车、自然灾害救援、地下矿产采区、偏远地区，以及军事工业中都有十分广泛的运用，对保障能源供给和国防安全、促进投资和经济增长都有十分重要的意义。对这一成果的取得，我们内心都十分欣喜，并对所有参与此项目的各位专家、同仁，表示热烈的祝贺和由衷的敬佩！

从人类社会的发展史看，如何获取能源、如何应用能源、使用何种能源、如何保证能源稳定供应等能源安全问题，是关系国家经济社会发展的全局性、战略性问题，对国家发展、人民生活改善、社会稳定至关重要。

而技术革命无疑是实现能源生产和消费革命、确保能源安全最重要的手段之一。2014年6月，习近平总书记指出，要推动能源技术革命，带动产业升级，以实现中国能源安全战略。

众所周知，美国页岩气革命这一在技术与资本共同作用下发生的技术革命，已深刻地改变了全球能源格局和经济格局。2000年前后，美国30%以上的天然气依赖进口，而到2014年，美国天然气已经实现了全年本土产量超过全年本土消耗，其中40%以上是页岩气，并且已经开始出口。页岩气革命不仅改变了美国乃至全球的能源供给格局和地缘政治格局，而且通过充足的天然气供给它还为美国"再工业化"提供了廉价、清洁的能源，这有利于重振美国经济的竞争力。从中可见技术革命的威力！

因此我们深信，实现中国能源安全战略的关键在于技术革命。静默移动发电站技术，是一项立足我国国情、紧跟国际能源技术革命新趋势的重要研究成果，也是以绿色低碳为方向的技术创新、产业创新的重要成果，其成功研发是一项利国利民的大好事！

我们希望此项成果能尽快与其他领域的高新技术紧密结合，成为军用、民用设备进行技术革新和产业升级的优秀动力源，并以此为契机使我国高科技能源技术及其关联产业获得新的发展增长点。以技术革命为保障，发展新能源、清洁能源、节能环保的能源利用技术，是中国实现绿色发展战略的必经之路。

最后预祝该项技术在推广应用上尽快获得长足进展，同时预祝其研发团队在能源技术革新领域不断取得更大的成就！

第二篇

能源·外交篇
——能源背后的政治博弈

要深化中拉新能源领域的
合作并规避风险[*]

拉美是全球油气资源相对富集的地区。英国石油公司的统计显示，2013 年拉美地区已探明的石油储量为 3406 亿桶，占全球已探明石油总储量的 20.2%，拉美是仅次于中东地区的第二大石油富产区。近年来，中国与拉美地区在油气领域的投资和贸易合作不断增强。与此同时，中拉在水电、风能、太阳能和核能等清洁能源和可再生能源领域的合作也可圈可点。

拉美地区的油气资源主要分布在委内瑞拉、墨西哥、巴西等国。部分国家化石能源供给不足、电力短缺，但风、光、水等自然资源充足，如亚马孙河流域就蕴藏了十分丰富的水力资源，这为中拉清洁能源合作创造了条件。同时，环境压力的加大、全球减排义务的强化及清洁能源经济性的提升，使拉美国家对清洁能源的开发利用日趋重视，这为中国

＊ 本文原载于《人民日报》2016 年 4 月 28 日。

企业进入拉美市场从事相关开发活动提供了重要契机。目前拉美国家大多基础设施建设滞后，中国企业与拉美在清洁能源领域的合作主要集中在设备出口和电站建设环节，中方直接参与电站运营的项目并不多。中国企业在清洁能源建设方面具有技术强、成本低、周期短、设备生产与配套能力强、建设与管理经验丰富等优势，因此今后将大有可为。

中拉清洁能源合作面临的潜在风险也不少。首先，拉美地区还存在一定的政治风险。近年来，部分拉美国家国内政治动荡，政党轮替带来政策的不确定性，国家保护主义和资源民族主义思维抬头，社会治安问题较为明显。其次，受经济增长放缓、经常项目逆差和外债负担过重等影响，委内瑞拉、墨西哥等拉美国家货币大幅贬值，这可能给中国海外施工企业带来一定的汇率风险。中拉之间可以考虑将人民币作为贸易结算货币和投资货币，减少合作中的汇率风险。最后，中国企业对拉美国家的税收、外资管理、劳工、环保政策等方面的法律法规缺乏了解，容易遇到意想不到的问题，造成工程建设延期和项目亏损。为更好应对以上风险，中国企业"走出去"之前必须做足功课。并且要同时认识到，拉美国家多，不同国家历史、文化传统及国民性各异，一国合作的成功经验未必在另一国有效。

未来，随着中拉清洁能源合作的深化和拓展，中国企业将更多参与清洁能源发电站的运营，这需要企业做好成本核算，密切关注当地的清洁电力上网政策和电价等，规避可能出现的政策和市场风险。

技术和资金是中拉清洁能源合作的关键。在技术方面，中国企业要加强清洁能源建设和运营方面的技术研发，降低应用成本，保持在清洁电力方面的成本优势，并确保项目建设和运营的安全。在资金方面，清洁电力项目建设投入大、周期长，需要强有力的融资支持，我国应加大政策性银行对海外基建项目的贷款支持，并通过产业投资基金、融资租赁等方式创新融资工具，保障海外项目顺利开展。

展望未来，中拉在清洁能源方面互补性强，两者在这一领域的合作前景广阔。中拉能源合作不应局限于项目建设，还应与技术交流合作等配套设计、综合推进，使长期项目与短期项目结合实施。目前，我国在风能、太阳能、核能等领域的技术处于世界先进水平，而巴西等拉美国家在乙醇燃料、生物柴油等生物质能源开发方面成绩斐然，双方之间开展技术合作的空间很大。2015年底召开的联合国气候变化巴黎大会已经达成协定，全球将尽快实现温室气体排放达峰，并将在21世纪下半叶实现温室气体净零排放，这为拉美与全球清洁能源的发展注入了强劲动力。中国和拉美国家应积极推动在太阳能、风能、核能、生物质能等清洁能源领域的互利合作，努力打造多元化的中拉能源合作格局。

提升中拉能源合作还有多道槛*

中国－拉共体论坛首届部长级会议于 1 月 8 日至 9 日在北京举行，这是 2015 年中国的首场主场外交，必将开创中拉全面合作伙伴关系的新局面。

目前，我国已成为全球最大能源生产国和消费国，石油对外依存度近 60%，天然气对外依存度近 30%。与此同时，近年来，拉美日益成为全球重要的油气富集区。据石油输出国组织（OPEC）统计，2012 年，拉美石油探明储量为 3381.14 亿吨桶，占全球储量的 22.87%。这为中拉能源合作带来了重要契机。

由于美洲油气剩余产能的增加，拉美资源国对与中国开展能源合作的战略需求日益增强，期望包括中国在内的亚洲国家能够成为其稳定、长期、可靠的合作伙伴，以此打破出口市场被美国垄断的局面。无论是扩大对华原油出口，还是

* 本文原载于《中国能源报》2015 年 1 月 12 日第 4 版。

吸引中国的资金、技术，拉美国家都希望进一步巩固、深化中拉合作。因此，扩大中拉能源合作，对确保中国能源供给的安全稳定，提升拉美油气出口市场多元化程度，都具有十分积极的作用。在未来一段时间内，中拉能源合作大有可为。

中拉能源合作前景好、潜力大，但面临的难题也不少。第一，中拉间的地理距离较远，油气运输成本非常高。特别是液化天然气（LNG），其输送需要使用特殊船舶，并在零下161摄氏度的条件下储存，远距离运输的经济性非常差。第二，拉美作为美国的"后院"，对美国的能源战略有不言而喻的意义，中拉合作加强可能会对美国的政治经济利益造成一定影响，提升中拉能源合作需要中美之间达成某种默契。第三，在拉美地区从事非常规油气开发会面临技术难度较大、开发成本较高的问题。当前国际油价下行，更不利于对油气的开发利用。第四，委内瑞拉的重油资源丰富，但目前我国相应的炼化能力有限。第五，拉美国家的法治与市场环境未完全成熟，部分国家还存在资源民族主义和贸易保护主义的做法。第六，拉美地区的社会风险不容忽视。尽管拉美地区政局相对稳定，但其社会治安状况不容乐观。拉美的公共安全问题长期以来根深蒂固，加上近年来经济增长下滑，贫困人口出现反弹，社会治安形势改善难度加大。

当然，由于历史、文化、地域等因素以及国内局势的影响，中国企业在与拉美国家进行合作时，必须密切关注其国内政策的变化，选择合适的合作方式。建立完善的风险防范机制是成功"走出去"的可靠保证。如果企业的商业运作能力不足以把握合作环境的复杂性，则还需政府层面的深度介入。

对中拉能源合作增长可能引发"资源掠夺""新殖民主义"的指责，我国也要做好对国际舆论的应对准备。我国必须清楚地阐明，中拉合作并非局限于能源、资源领域，中拉合作是领域广泛、互惠互利的。而且，只要其国内制度得当，拉美国家就可以走出过度依赖能源资源出口、产业结构过度单一的困境。毕竟，包括中国在内的许多国家在发展过程中，都经历过依靠出口石油、煤炭、农产品等初级产品来创汇的阶段。

以油气为武器的俄罗斯外交*

　　能源是人类赖以生存和发展的五大要素之一，是国家和经济社会发展的重要物质基础，也是经济社会可持续发展的重要制约因素。能源问题在现代社会中不仅仅是一个经济问题，还是一个政治问题。尤其在经济全球化条件下，它是涉及国家安全、地缘政治和对外战略等多层面的国际政治和国际关系中的重大问题。制定并推行强有力的能源战略，已经成为当今世界许多国家的重要国策。但它往往也是引发国际冲突的一个重要背景因素。两次世界大战的发生，都有争夺能源的原因。此外，过去和当前正在发生的规模较大的局部冲突也与能源相关。在对资源能源的争夺中，长期以来美国扮演着超级霸主的角色。进入21世纪，普京执掌俄罗斯政权后，美国操控资源的局面似乎受到了挑战。普京将俄罗斯能

---

　　* 本文为《石油的优势：俄罗斯的石油政治之路》（〔美〕迈克尔·伊科诺米迪斯、唐纳·马里·达里奥著，徐洪峰译，华夏出版社，2009）的中文序言。

源战略的作用发挥得淋漓尽致，不但在经济上获益颇丰，还借助其庞大的油气资源不断提升俄罗斯在地缘政治和国际格局中的地位和影响力，并试图一举恢复其昔日超级大国的地位。

在这一背景下，美国休斯敦大学库伦工程学院教授、石油工程和石油战略咨询公司的经营合伙人迈克尔·伊科诺米迪思与华盛顿特区凯南高级俄罗斯研究所研究助理、俄罗斯和苏联问题专家唐纳·马里·达里奥合著的《石油的优势：俄罗斯的石油政治之路》问世了。两位作者从俄罗斯的历史发展及其与能源资源的关系这一视角，讲述了一个多世纪以来俄罗斯政治与能源发展的故事，解释了俄罗斯政治动荡与能源动荡之间密切而强烈的相互关系。他们指出，在普京的领导下，俄罗斯的政治已经与能源资源紧密地联系在了一起，俄罗斯正在向苏联时代的集权主义回归。过去核武器和原始军事力量都无法做到的事情，普京正在尝试用石油和天然气做到，本书将之称为"能源帝国主义"，而这必将对世界产生重要的影响。

两位作者对俄罗斯能源与政治关系的梳理以及对相关重大事件的生动叙述，为我们认识俄罗斯的历史发展和能源战略提供了新的视阈。首先，本书从对俄罗斯甚至世界产生重大影响的事件中获取了与能源发展有关的资料，这有助于理解当今在俄罗斯境内发生的广受争议的能源产业产权变动及国有化运动。其次，本书在分析与能源领域有关的事件的基础上，理解俄罗斯与其他国家集团的不同能源政治模式及其形成原因，从而可为我国准确理解、全面把握俄罗斯的能源发展战略提供参考依据。最为重要的是，本书系统地梳理了苏联及俄罗斯在各个发展时期的能源发展战略，尤其对普京的能源外交战略进行了深刻剖析，这对确立我国当前与俄罗斯的能源合作战略具有重要的借鉴意义。

当然，作为石油最大进口国国家的学者，当两位作者从国家利益的角度来评价世界能源超级大国俄罗斯的能源战略时，他们的观点似乎也有偏颇之处。比如把俄罗斯石油工业的重新国有化与俄罗斯国内民主制度明显的退步相联系，把俄罗斯与国际石油天然气生产商——如英国石油公司、埃克森美孚和壳牌等——的利益摩擦视为普京能源政策在国际社会引起广泛非议的佐证，等等。必须承认，在能源问题全球化和政治化的背景下，俄罗斯强大的军事能力与其丰富的能源储备的结合所蕴藏的巨大力量，在西方世界中造成了恐慌心理并对其构成了现实威胁，这在一些重要时刻、重要场所及重要问题上均有体现，书中的观点也恰恰证明了这一点。

普京奉行的能源战略始终坚持国家利益最大化的务实性原则。即使作为俄罗斯的战略协作伙伴，中国也并未因此获得更多实惠，这从安大线等中俄能源合作项目的反反复复之中可见一斑。2009年2月，中俄终于签署了一项长达20年的由中方提供250亿美元贷款、俄方供应石油的协议，此举无疑有利于中国稳定自己的石油供应。但中国注入巨资可对解决俄罗斯两大石油巨头的资金困难产生决定性作用，而且该项目不仅能保证俄罗斯的高额经济利润，也是其实现能源出口多元化的一个步骤。其背后的原因还包括世界经济危机带来的经济下滑，以及俄格冲突后俄罗斯对美国和北约在能源对抗中的一次亮剑。对于俄罗斯能源战略的务实态度，中国虽感慨良多，但也不必苛求，毕竟任何国家都有权选择最有利于本国发展的外交战略。此外，中国与西方国家不同，从中俄战略协作伙伴关系的角度看，中国欢迎俄罗斯国力的复兴与崛起，因为中俄两国在世界格局和地缘政治中相互倚重，在资源和经济结构上高度互补。俄罗斯的富强不仅有利于世界力量的平衡，而且有利于中国发展同俄罗斯的全面合作。为此，中俄两国宜从国家发展战略的高度出发，通过中俄能源合作促使双方保持紧密联系，实现真正意义上的互惠共赢，尤其在世界经济危机持续延展的情况下更应如此。

为此，中国不仅需要正确把握俄罗斯的能源发展战略与外交战略，还需要全面了解西方国家对俄罗斯能源战略的观点，并将中国对俄罗斯能源战略的理解置于国际能源环境的大背景下加以认识。正是基于以上目的，中国社会科学院研究生院国际能源安全研究中心组织专家翻译了这本著作，希望本书的出版能够为中国与俄罗斯能源的长期合作提供些许有益的启示。

认识俄罗斯的"能源至上主义"*

　　日本学者木村泛主要从事关于俄罗斯政治、日俄关系等方面的研究，著作有《苏联与俄罗斯人》（1980年）、《苏联人报告：俄罗斯思想的秘密与思维及行为方式》、《苏联式交涉术》（1982年）、《解读苏联50点》（1988年）、《北方领土：轨迹与归还前的助跑》（1989年）、《北方领土：苏联的五个选择项》（1991年）、《克林姆林的政治力学》（1991年）、《戈尔巴乔夫外交的总决算》（1992年）、《日俄国境交涉史：如何解决领土问题》（1993年）、《叶利钦：一位俄罗斯政治家的轨迹》（1997年）、《遥远的邻国—俄罗斯与日本》（2002年）、《何谓普京主义》（2000年）、《2004年引擎启动：预测未来日俄关系》（2003年）、《普京的石油战略》（2008年）、《现代俄罗斯国家论：何为普京型外交》（2009年）、《梅德韦杰夫 vs. 普京俄罗斯能否实现现代化》（2012年）等。

---

　　*　本文为《普京的能源战略》（〔日〕木村泛著，王炜译，黄晓勇译审，社会科学文献出版社，2013）的序言。

此次选择木村泛的《普京的能源战略》一书作为"中国社会科学院研究生院国际能源安全研究中心译丛"系列之一，组织翻译并出版。尝试跟随日本学者的视角来审视当今俄罗斯政治、经济以及对外关系的现状及未来发展趋势，对我们的研究无疑是一种十分有益的补充。虽然在版权问题上经历了一些曲折，致使原来的出版计划有所延迟，但最终在有关人士和社会科学文献出版社的协助下，与原作者木村泛教授取得联系并获得许可，从而使当初的选题计划得以完成，为此，我深感欣慰。

作者首先在开篇部分提出了普京的副博士论文是否涉及抄袭的问题。其实，作者的真实意图是以此作为整篇的引子，借以揭示早在掌握俄罗斯政权之前，普京在能源战略方面就已经认定两点：一是要以国家力量整合俄罗斯的矿产资源，将包括石油在内的矿产资源及其相关重要企业重新置于国家经营体系内；二是将俄罗斯雄厚的矿产资源优势转化为俄罗斯彰显国际影响力的重要手段。

2000年5月普京第一次就任俄罗斯总统。作者认为他是个幸运的领导人，因为恰好在那个时期国际原油价格开始飙升。1998年经济危机席卷俄罗斯时，国际原油价格仅为每桶11.80美元，创历史最低纪录，但普京很幸运，在他担任总统的2000年9月，原油价格已经恢复到每桶33美元，并且继续快速攀升，到2009年底竟然达到每桶80~90美元。

俄罗斯经济是以原油每桶27美元的价格为基准计算的。国际原油每桶价格每上涨1美元，其中的90美分就会成为俄罗斯国库新增加的收入。照此计算，俄罗斯的国家收入已经增加了 17 亿~20 亿美元。当国际原油每桶价格升至 80~90 美元时，俄罗斯经济便轻松地进入了剩余收入时代。俄罗斯政府奇迹般地提前偿还了自苏联时期以来对巴黎俱乐部和西方各国的金融机构所欠债务。2009 年，俄罗斯的外币储备达到 4451 亿美元，居于中国、日本之后，位列世界第三。普京时代的前 7 年中，俄罗斯的国内生产总值增长率连续保持在 6%~7%。

2006 年 1 月，普京政府停止对乌克兰供给天然气；7 月，普京政府在圣彼得堡主持召开了八国集团（G8）首脑会议；同年底，普京政权整治了萨哈林能源投资股份有限公司，并使俄罗斯天然气工业股份公司得以参与"萨哈林 2 号"项目。一系列事件可以证明，2006 年是普京能源战略中的重要一年，甚至是一个具有分水岭意义的年份，同时，这些事件也清晰地反映出普京政权能源战略的目标以及为实现该目标而采取的手段。

早在普京第一次上台后的 2003 年 8 月 2 日，俄罗斯就制定并公布了《2020 年前的俄罗斯联邦能源战略》（以下简称《战略》），其中能够清楚地看到普京在他的副博士论文中曾经阐述过的思想。例如，在该《战略》的第一章第一节中，俄罗斯的能源战略被定义为：作为俄罗斯经济发展的基础，同时也是实施"国内政策与外交政策的工具"。该《战略》中还进一步指出，俄罗斯的能源资源决定了"俄罗斯在世界能源市场上所能发挥的作用"，"决定了俄罗斯在地域政治学意义上的影响力"。

　　普京在其能源战略中重点考虑的几个问题是：如何平衡国内政治力量，用强大的国家机器掌控国家资源？如何在欧洲发挥能源大棒的指挥作用以达到对抗北约向东欧扩展势力的目的？如何运用能源的价值与欧盟诸国在经济和国际局势的博弈中取得优势？如何以把控能源输送管线的阀门来控制东亚国际局势？甚至包括诸如"如何在传统盟友中国和存在领土争议的日本之间取得平衡"。

　　由此可以明确地捕捉到普京政权能源战略的核心内容：石油、天然气等碳氢化合物燃料的能源是俄罗斯重要的战略物资，不仅能够在商业和经济领域成为强硬武器，而且也是其在政治、外交和安全保障方面的杀手锏，足以迫使对手不得不做出重大让步。俄罗斯政府确信必须将国内的能源、资源全部掌控在政府手中，并推行国营化管理。普京政权要将那些即将或已经转入民间资本或者外国资本手中的能源、资源，重新置于俄罗斯政府以及代表俄罗斯政府意志的国有企业的掌控之下。

　　普京决心实现这个战略目标，于是，项目建设成本扩大、开采费用增加、销售计划延迟、环境破坏，等等，都被普京政府用来作为整治私人资本或外来资本，实现其能源战略目标的手段。

　　为了将在叶利钦时代变为私人所有的石油资源重新握入俄罗斯政府手中，普京采取了一系列的铁腕政策，整治了尤科斯公司和该公司总裁霍多尔科夫斯基，并且先后将尤科斯公司和罗斯公司国有化。作者对普京的这一系列战略行动解释为"普京国有化政策的目的，不仅仅为了获得经济利益，而是将重新掌握能源、资源作为突破口，借此实现其政治野心"。

正如普京在俄罗斯能源发展问题上所表现出的长期犹豫不决的态度所揭示的，经济成本、环境保护、国内政治局势、外交战略四个因素，不仅仅在具体的诸如铺设石油运输管线之类的问题上发挥关键性作用，而且更为重要的是，这些也是普京能源战略付诸实践的过程中具有决定性作用的标准。其中，经济成本是必要因素，但并不是绝对因素；增强国际影响力才是要实现的最终目的，而环境因素往往是达成最终目的的手段之一，同时，国内局势又是决定战略能否得到贯彻的关键条件。

作者将普京的能源战略定性为"能源至上主义"，并认为存在以下倾向：（1）容易满足于原料销售；（2）由于石油资源产业的劳动附加价值很低，由此会产生轻视劳动的心理；（3）不愿意像资源小国的日本一样，在求得生存的过程中甚至不惜付出血的代价；（4）缺少为振兴国内产业、获得国际竞争力而做出努力的决心；（5）由于经济改革伴随着风险，因此拖延大刀阔斧的改革。

因此，作者担心俄罗斯如果不改变这些倾向，势必会沦为一个原料储水池，或者简单地说，将不可避免地陷入"荷兰病"症状。作者还引用俄罗斯科学院通讯院士、世界经济和国际关系研究所国际安全中心主任阿列克谢·阿尔巴托夫的观点，即"普京政权谈及外交政策时，能源问题占到70%"；"依靠能源出口的经济不可能是强有力的，也不会是现代化的经济。到目前为止，历史上还没有出现过一例，今后恐怕也不会有，能源输出国都会受到诸多因素的制约，因此，能源优势绝不是万能的"；"能源输出国依赖于消费国，依赖于国际能源市场的价格"；"垄断能源也是不可能实现的，迟早会找到替代能源和节省能源的方法"。

作者在文章的最后部分中提出，普京政府已经认识到石油资源也并不是取之不尽、用之不竭的，多元化是能源产业发展的必然趋势。但俄罗斯依然面临着资金和技术问题，其中在俄罗斯境内创造能够让外资企业安心无风险经营的环境尤为重要。俄罗斯是否能从能源依存型经济结构转为向由制造业、IT 产业、节省能源产业构成的多元化产业结构发展，是否能够实现从原料输出国向加工贸易国的"大变身"，都是普京必须解决的关键问题。"资源的诅咒"使俄罗斯一直以来轻视石油、天然气之外的非能源产业，因此要使俄罗斯转换思维方式，大力发展之前从未重视也不擅长的产业领域，无疑需要时间和成本。

作者认为，国家掌握经济主导权的同时，还必须培养和发挥民间技术改革、技术创新的积极性，没有做到这点也是苏维埃经济失败的关键原因，但普京政权并没有吸取这个教训。当然，作者对普京能源战略所主张的、强化国家对经济活动进行管理的体制也提出质疑，认为，没有民主主义的价值观和政治制度，市场经济体制就不可能充分发挥作用；只有保障公民的言论自由、实施三权分立以及政府信息公开等，才能发挥经营者、劳动者的积极性，激发市场参与者的创造性，塑造企业家精神，从而产生与欧美先进国家进行竞争的意愿和实力。

　　时至今日，我们能够发现，日本学者木村泛对于普京能源战略的注解依然具有可以借鉴之处。2012年3月4日，俄罗斯总理普京以63.75%的较高票当选俄罗斯第六任总统，也是他本人第三次当选俄罗斯总统，俄罗斯人以国家利益为准则再次选择了他。在今后的5年中，随着普京按照自己的政治生涯规划第三次问鼎俄罗斯总统宝座，能源依然被普京作为实现其外交战略最得力的武器之一。在此次总统选举前，普京接连发表数篇文章，抨击了90年代苏联的私有化进程，提出要彻底终结不公平的私有化。

　　在中俄能源合作方面，俄方也承认，目前俄供石油只占中方石油进口总量的6%~6.5%，今后中俄石油合作前景广阔。天然气需求是中国未来经济发展的战略需求，双方天然气合作具有战略意义，而根据双方签署的天然气合作备忘录，2018年，俄对华供气将达380亿立方米，实际供气量可达600亿立方米。届时，中国将超过德国，成为俄天然气出口第一大市场。中俄是邻国，经陆路运输管道输送油气有利于双方的能源安全。同时，俄向中方出口电力和石化产品有利于中方的环境保护。

　　中国新当选的国家主席习近平将俄罗斯定为出访的第一站。在访问期间，中俄双方签署了一系列的合作协议和声明，其中有关油气能源领域的合作格外引人关注。据报道，未来五年俄罗斯将在西伯利亚和远东地区建设油气综合体，挖掘西伯利亚和远东地区的能源出口潜力。目前，中俄能源合作取得新的重大进展，双方达成了扩大原油贸易的重要共识。同时，双方还将在东线天然气管道项目等天然气领域的项目上加强合作。

对于正处于经济高速发展因而导致能源供需矛盾日益突出的中国而言，如果能得到俄罗斯在能源上的支持，意义十分重大。中俄双方在油气能源开发领域具有共同利益需求，双方合作的前景极其广阔。

中国拥有巨大、稳定的需求市场，而俄罗斯恰好有丰富的油气资源，因此双方具备加强能源合作的基础条件，可以成为默契合作与共赢的伙伴。

目前中国成为全球原油最大的进口国之一，能源需求稳步增长，因此急需大批稳定的进口原油资源。而幅员辽阔的俄罗斯油气资源储量丰富，目前年产 5.18 亿吨石油，并计划在 2020 年将产量维持在五亿吨以上的水平，这也是俄罗斯财政收入的主要来源之一。所以，增加对中国出口油气资源可以保证俄罗斯的财政收入。

中俄在各自能源战略格局调整过程中能够实现共同利益。中东和非洲是中国原油进口的主要来源地区，中国大部分进口原油都要经波斯湾地区穿越马六甲海峡进入国内。显然，从能源安全的角度上考虑，中国的能源供应必须改变这种过分依赖单一通道的进口方式。对俄罗斯而言，随着欧洲对俄罗斯能源需求量日渐萎缩，双方矛盾逐渐增多，近年来也希望摆脱能源出口过多依赖欧洲市场的局面。以中国为代表的亚洲市场，正是俄罗斯能源战略转型的目标。作为邻国，双方合作具有明显的地域优势。

　　当然，我们也必须看到，中俄双方深化能源合作的过程中，还存在很多不确定因素。从以往的经验来看，俄罗斯在吸引中国油企开采本国资源、对华出口油气价格方面，还存在很多变数。因此，动态地理解和掌握俄罗斯能源发展战略以及政策倾向，对我国发展中俄能源合作具有深远意义。

继续拓展和深化中俄能源合作[*]

　　中俄两国在能源领域互补性强，能源合作是两国经贸合作的重点，直接关系到两国的经济发展和国力提升。近年来，随着中俄两国全面战略伙伴关系进一步提升以及两国高层领导频繁互访，中俄能源合作不断迈出新的步伐。特别是2014年5月和11月，中俄先后达成东线和西线天然气供气协议，未来俄罗斯对华的天然气出口有望达到每年680亿立方米以上，中俄天然气合作取得重大突破。

　　近年，中俄两国油气贸易额快速提升。据报道，2015年5月、9月、11月和12月，俄罗斯对中国的石油月度出口量都超过沙特阿拉伯，成为中国第一大石油进口来源国。据俄经济新闻社报道，2015年中国已成为俄罗斯原油第一大出口国。2015年俄罗斯出口原油2.43亿吨，其中对中国出口4104万吨。中国海关总署的统计也显示，2015年中国从俄罗斯进口的原油较上年增长了28%。

　　*　本文改写自黄晓勇教授2016年4月21日在莫斯科第三届中俄能源投资论坛上的发言。

一　中俄能源合作迎来最好时机

中国油气消费的持续增长和俄罗斯在油气出口方向的调整，正使中俄油气合作迎来最好的时机。2012 年以来，虽然中国经济增速有所放缓，但油气消费和进口都保持了持续增长。根据一份市场预测，中国石油进口在 2016 年有可能达到 750 万桶 / 日，中国可能成为全球最大的石油进口国。

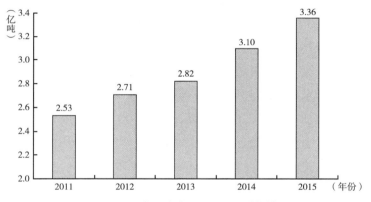

图 1　2011 年以来中国进口原油增长情况

资料来源：海关总署。

在天然气进口方面，国际能源署预测，到 2035 年，中国市场的天然气年需求量将增加到 6340 亿立方米，其中 2030~2035 年的天然气进口量将达到 2000 亿~3000 亿立方米，中国的天然气消费量增长将占到整个亚洲的 56%。满足中国快速增长的油气需求，离不开以进口渠道多元化为保障。

　　增加来自俄罗斯的油气进口，还有助于提升中国油气进口的经济性和进口通道的安全性。中俄油气贸易以管道运输为主。管道远距离运送原油的成本要低于海洋运输，其运输时间也少于海洋运输，因此中国从俄罗斯进口油气经济性较强。同时，管道运输还可以避开海上运输的安全风险。中国每年进口的石油超过 3 亿吨，其中近 80% 来自中东和北非地区。增加从俄罗斯的油气进口，既可以减少对中东地区的资源依赖，又可确保中国油气进口通道的安全。

　　在目前局势下，俄罗斯也亟须推动油气出口市场的多元化，降低对传统欧洲市场的依赖。当前欧盟正在采取多种措施减少对俄罗斯的能源需求。特别是在乌克兰危机爆发之后，欧盟更是加大决心降低对俄罗斯天然气的依赖。这些措施主要包括：发展可再生能源、核能等可替代传统油气的新能源；加强基础设施建设，让里海周边和中亚等更多地区向欧盟输入天然气；提高欧盟自身天然气产量；大力推进节能和低碳技术；开始从美国进口天然气。2016 年 3 月，英国英力士拥有的世界最大液化天然气（LNG）运输船"无畏号"装载 27500 立方米的乙烷储罐离开了美国费城附近的马库斯胡克炼油厂，标志着美国首次向欧洲出口页岩气。此外，欧盟正在努力把能源问题列入打造欧盟 - 美国自贸区的谈判内容，以便借助这一组织提高其能源来源的稳定性。

　　在这一地缘政治背景下，俄罗斯油气出口重心的东移与中国持续增长的油气需求十分契合，加强中俄能源合作是两国互惠互利的举措。根据俄罗斯相关计划，俄罗斯对亚洲的油气出口在未来的 20 年内将提高至少 1 倍，届时俄罗斯近 1/3 的油气产量会被出口到亚洲。事实上，在乌克兰危机爆发之前，俄罗斯已开始考虑调整其能源出口战略，计划使天然气工业对亚洲的出口量在其总出口量中的占比提高到 20%~30%。所以，推进俄罗斯能源出口方向的东移并非权宜之计，而是深具内涵的战略调整。

俄罗斯油气出口战略的调整，无论对油气需求量日益增长的中国来说，还是对需要开拓油气出口市场的俄罗斯来说，都是极好的机遇。目前，中俄两国关系处于历史最好时期，这大大有利于中俄能源合作的拓展和提速。俄罗斯的对华石油出口量在 2015 年的 4 个月份中超过沙特阿拉伯，俄罗斯成为中国最大的石油进口来源国。这是具有标志性意义的事件，足以表明中俄能源战略合作取得了实质性进展。

二　进制推进中俄能源合作尚需解决的几大难题

当然，两国的能源合作也存在诸多制约因素，如两国在能源经济利益上存在一定分歧、投资环境有待改善、政治互信和务实合作有待增强等。因此，中俄两国都需要进行具有前瞻性的统筹谋划，协调一致地推进两国能源合作，使能源合作切实成为两国战略协作与和平发展的战略支撑。

1. 增强政治互信和务实合作

近年，中俄两国高层交往频繁，双方在投资、能源、地方、人文、执法安全等各领域的合作均取得积极进展，在国际事务中的协调和配合更为密切。2013年，习近平主席和普京总统发布《中俄两国关于深化全面战略协作伙伴关系、倡导合作共赢的联合声明》和《关于丝绸之路经济带建设与欧亚经济联盟建设对接合作的联合声明》，这两份重磅文件体现了中俄在将高度政治互信转化为务实合作成果方面的努力。普京总统曾表示，俄中关系无论在互信程度还是在合作质量上都达到了前所未有的高水平。两国各界应清醒认识并牢牢抓住这一难得的机遇，共同努力，尽快把两国良好的政治互信转化为务实合作，为推动两国的共同发展和增加人民的幸福感迈出更加坚实有力的步伐。

2. 妥善解决油气定价机制问题

中俄油气贸易定价机制的市场化程度不高，定价方式不透明，这些问题阻碍了中俄油气合作的推进。此前，中俄西线天然气供应框架协议并没有包含具体价格，目前这一合同被推迟签署，双方最大的分歧正是价格。全球能源形势已经并将继续发生重大变化，保证中俄能源合作合同的顺利实施，仍需要双方进行更多的沟通、协商。在中俄天然气贸易的定价上参考全球石油产品的市场定价机制，以实现双方的公平交易和互利共赢，需要有进一步的战略前瞻与务实精神。

3. 改变"资源为王"的心态

当前全球油气格局呈现的供大于求的局面将可能持续，加上油气资源的战略属性减弱，油气逐渐转变为普通商品。在这个背景下，各国对油气资源价值属性的判断必将发生变化。俄罗斯应改变"资源为王"的心态，看到能源资源的商品属性，以贸易促进共赢。同时，不要担心向中国供应更多的能源资源，会使俄罗斯沦为中国的"能源原材料附庸国"。只有摒弃能源资源民族主义思想，以开放合作的心态促进互利共赢，才能更好地推进俄罗斯自身产业发展的多元化。

三　继续拓展和深化中俄能源合作

中俄能源合作具有巨大的发展潜力和空间，双方的合作不能局限在油气贸易领域，合作的范围和方式还有待继续拓展和深化。

1. 鼓励中俄企业共同勘探开发油气资源

2016年1月，在中国国家主席习近平和俄罗斯总统普京的见证下，中国石油化工集团董事长王玉普与俄罗斯石油公司总裁谢钦签订了《共同开发鲁斯科耶油气田和尤鲁勃切诺—托霍姆油气田合作框架协议》。根据该协议，中国石油化工集团有权收购俄罗斯石油公司旗下的东西伯利亚油气公司和秋明油气公司49%的股份。这两家公司分别拥有鲁斯科耶油气田和尤鲁勃切诺–托霍姆油气田的开发许可证。共同开发致密原油贮存将有助于双方降低项目运营风险。合作也将在资金、技术和实施能力等方面提升项目实力。

目前，俄罗斯易于开采的油田正日趋枯竭，核心石油生产区西西伯利亚的产量已开始下滑。乌克兰危机后，美欧的经济制裁使俄罗斯在境外融资及境外技术的获取方面受到限制。加大与中国企业在油气等资源勘探开发领域的合作，无疑将为俄罗斯能源企业提供资金与技术保障，从而稳定和扩大俄罗斯的油气产量。

2. 开展能源技术、服务和装备领域的合作

在推进油气资源共同勘探开发的过程中，两国在能源装备、勘探开采技术、油田服务及油气管线管理维护等方面都有良好的合作前景。俄罗斯石油开采的总体技术难度越来越大，且俄罗斯的技术水平存在不足之外。而中国的相关服务和装备竞争力不断增强，价格优势明显。加强两国在能源装备和油田服务等领域的合作显然有助于俄罗斯降低油气开采成本、稳定油气产量，也有助于实现中国制造和服务与俄罗斯油气企业的产能合作。

3. 推进俄罗斯与东北亚地区的管道建设

中俄能源合作不仅要着眼于中俄两国，还应扩大到整个东北亚地区。推进建设俄罗斯与整个东北亚地区之间的油气管网，将有助于进一步拓展俄罗斯的油气出口市场，提升俄罗斯在亚洲油气出口市场的份额。目前，中国学界希望以中国东北作为东北亚地区进口俄罗斯油气的中转站，建设从山东威海或青岛通往韩国和日本的海底油气管道。尽管中日韩三国对油气管道的走向存在一定分歧，但建立东北亚地区互联互通的管网已经成为共识，俄罗斯油气出口重心的东移为东北亚地区油气管网的建设创造了更为现实的基础。

对于将中国作为俄罗斯向日本、韩国输送油气的跨境国，俄罗斯不必担忧和产生猜忌，因为这一跨境管道的修建符合俄罗斯和中日韩三国的共同利益。东北亚地区已是全球

最重要要的油气消费市场之一，也是全球最大的液化天然气进口市场。与北美、欧洲相比，东北亚地区天然气进口价格仍然偏高，"亚洲溢价"问题仍然突出。这一管网的建设，将推动东北亚地区油气管网互联互通。作为东北亚地区的主要国家，中国日益完善的储运设施将为东北亚油气市场提供安全保障，中国油气供应能力的增加、来源多元化的实现和配套政策的陆续出台，将为成立亚洲区域油气市场交易中心提供保障。这将进一步巩固中日韩作为俄罗斯油气重要出口市场的地位，也有助于保障中日韩的能源安全，有助于提升三国在全球能源市场的话语权。

　　总之，中俄两国之间能源合作互补性强、潜力巨大、空间广阔，双方在发挥各自优势的基础上，在油气资源勘探开发、技术与装备合作、管网基础设施建设，甚至俄罗斯与东北亚能源市场一体化等方面，将深入开展一系列能源合作。正如普京总统曾指出的那样，中俄两国将稳步推进战略能源联盟的建立，使两国成为整个亚太地区能源安全的支柱。

美国在中亚的外交大棋局*

　　人类利用能源经历了从薪柴时代到煤炭时代再到油气时代的演变，能源结构的每一次变化，都意味着人类科学技术水平的一次飞跃，都带来了人类社会经济生活的巨大进步。但同时，人类社会对能源的依赖程度也在不断增加，能源已经成为现代经济社会发展的重要制约因素。其中，石油更是被誉为"黑色的金子""工业的血液"，成为各国不惜诉诸武力竞相争夺的战略资源。在第一次世界大战期间，法国总理克莱蒙梭（Clemenceau）曾说，"一滴石油相当于我们战士的一滴鲜血"。第二次世界大战中，日本不惜与美国为敌，出兵东南亚，目标就在于夺取缅甸和东印度群岛的石油；纳粹德国侵略罗马尼亚和苏联，其重要战略目标之一也是夺取那里的石油资源。

　　第二次世界大战以来，尤其是冷战结束以后，军事因

　　* 本文为《美国的中亚能源外交（2001~2008）》（徐洪峰、李林河著，知识产权出版社，2010）的序言。

素在国家安全中的地位相对下降，经济因素则相对上升。作为国家经济和社会发展的重要物质基础，能源成为决定国家命运的重要因素。能源安全已经不再是单纯的区域性经济问题，而是世界各国共同关注的政治和战略问题。石油也不再是市场上简单买卖的商品，而是首要的战略资源。未开发的油气及矿物储备地区突然间成了具备全球意义的战略争夺对象，寻求并控制油气资源等成为推动国际关系和处理国际事务的核心动力，企业围绕油气资源展开的争夺演化成了攸关国家生死存亡的国家安全事件。总之，石油成了在 21 世纪初世界新秩序形成过程中的众多冲突中频繁出现的主角。围绕能源安全，世界各国根据自身的能源结构状况，纷纷制定了相应的能源战略，各国能源战略的相互影响和竞争交织成一幅复杂多变、波诡云谲的世界能源地缘政治图。

在能源安全中最重要的是石油安全。目前，全球石油贸易量占能源贸易量的 70% 以上。进入 21 世纪以后，全球石油价格的上涨引发了国际社会对石油供应形势的恐慌，也使国际社会围绕能源展开的竞争日趋激烈。实际上，全球能源的总体供需结构基本上保持着供应略微剩余的平衡状态。石油价格的飙升在很大程度上受到了"石油峰值论"的影响。"石油峰值论"源于 20 世纪 50 年代美国著名石油地质学家哈伯特（Hubbert）发现的矿物资源"钟形曲线"规律。哈伯特认为，由于石油是不可再生资源，任何地区的石油产量都会达到最高点，在达到峰值后该地区的石油产量将不可避免地开始下降。哈伯特根据"石油峰值论"成功预测了美国本土石油产量在 1970 年前后到达峰值。从此以后，石油峰值问题逐渐受到关注，引起了世界范围的广泛争论，并形成了针锋相对的"乐观派"和"悲观派"两派观点。爱尔兰地质学家坎贝尔（Campbell）等继承哈伯特的理论，根据改进的数学模型预测全球石油产量将在 2004~2015 年达到顶点。与此同时，也有不少机构和专业人士对"石油峰值论"提出了质疑，有人甚至认为，石油时代会结束，但并不是因为石油短缺。2006 年 9 月 13 日，沙特阿拉伯阿美石油公司首席执行官阿卜杜拉·朱马在奥地利首都维也纳参加一个石油业研讨会时说，全球可开采原油储量约为 5.7 万亿桶，目前开采的 1 万亿桶不到总储量的 18%，以目前开采速度，全球的原油储量还可以再开采 100 多年。另外，一些业内人士认为，随着技术进步，还会有更多石油被发现和开采，过去几年油价的大幅攀升也有助于产油国和石油公司加大对石油勘探和基础设施的投入，从而进一步增加石油储量和产量。尽管对"石油峰值"何时到来并不存在一致意见，但有一点可以肯定，那就是石油是不可再生能源，人类开发利用得越多，所剩储量就越少。因此峰值本身的存在是客观的，问题只是它在何时、何种情况下到来。

针对上述严峻形势，一些能源消费大国纷纷展开了对替代能源特别是可再生能源的研发和利用，但面临重重困难：风能、生物燃料、太阳能发电的成本分别是天然气发电成本的 1.5 倍、2 倍和 6 倍，风能、太阳能的利用受环境局限过多，生物燃料导致粮食消耗大幅增加。专家预计，到 2030 年，石油、天然气和煤炭等传统化石能源仍将占全球能源总消费量的 90%，故仍将是世界的主流能源。正是由于上述化石能源的不可再生性和在短期内的不可替代性，世界各国围绕能源尤其是油气资源展开的争夺还将在今后较长一段时间内持续，并且其激烈程度有可能不断加剧。这必将会使能源生产国和能源消费国之间、不同能源生产国之间、不同能源消费国之间通过调整其能源战略不断地进行重复博弈，进而使世界能源格局愈加扑朔迷离。

从能源生产的角度来看，石油资源主要集中在中东地区及其他少数国家。石油输出国组织国家石油探明剩余可采储量占世界总量的 75.7%，其中中东地区国家占 60% 以上。天然气资源主要集中在中东、俄罗斯和中亚地区，其中俄罗斯、伊朗、卡塔尔三国天然气储量占世界总量的 55.7%。从能源消费的角度来看，美国是世界上最大的能源消费国，到 2010 年美国对进口石油的依赖度将达 60% 以上。尽管美国的进口石油主要来自美洲地区，从中东地区进口的石油只占其进口总量的 20% 左右，但是美国作为世界头号强国，其能源战略具有全球性的特点，除了保证自身能源安全以外，还应考虑其盟国的能源安全，更要通过控制主要油气生产地和油气运输通道左右国际市场，加强对盟国以及其他国家的控制，从而服务其全球战略和维护其世界霸主地位。故而，能源丰富的中东地区一直是美国能源外交战略的重点。第二次世界大战后，美英之间就曾对中东的石油展开过激烈争夺；冷战时期，美苏之间又围绕着中东石油展开了长期的争斗；冷战后，美国发起的两次伊拉克战争更是完全因石油而起。正像美国前总统尼克松所说："既不是为了民主，也不是为了自由，而是为了石油。"中亚地区不但油气资源丰富，更因其位于欧亚大陆的心脏地带而具有非常重要的地缘战略意义，因此该地区成为美国自冷战以来能源外交战略的关注焦点和重要着力点之一。克林顿政府时期，美国就已经开始着手制定针对中亚地区的能源战略；小布什入主白宫以后，尤其是在 2001 年 "9·11" 事件发生后不久，美国发动了阿富汗战争，并借此实现了在中亚多国驻军。随着美国在中亚地区影响力的增强，美国政府进一步提升了该地区在美国能源战略和地缘政治战略中的地位，并将其作为美国实现能源来源多样化、保证未来能源安全的重要基地。美国采取的这一咄咄逼人的战略攻势，不仅对该地区的能源生产和市场格局，而且对其安全形势产生了深刻而长远的影响。这无疑是包括中国在内的其他国家在制定本国能源战略时必须考虑的一个重要因素。

或许正是基于上述考量，徐洪峰和李林河两位作者倾力推出了新作《美国的中亚能源外交（2001~2008）》。两位作者从 21 世纪初国际能源总体格局和大国能源竞争态势入手，深入剖析了美国布什政府能源外交调整的基本方向和基本内容，重点论述了布什政府时期美国在中亚地区能源战略的基本思路，从而勾画出了这一时期美国中亚能源外交的完整面貌。两位作者虽然以"美国的中亚能源外交（2001~2008）"为题，但在具体论述中却并没有落入"就事论事"的窠臼，而是将这一主题置于全球能源生产和消费这一大背景下考察，动态而深入地比较了布什之前的历届美国政府尤其是克林顿政府的能源外交战略，为研究美国能源外交战略提供了诸多可资借鉴的规律性结论。首先，国际安全局势左右着美国政府能源外交战略的方向。"9·11"事件之后美国能源外交政策从侧重于经济层面转为更注重政治和安全层面即是最好的例证。其次，世界能源格局影响着美国政府能源外交战略的重点。在布什政府时期，国际能源体系的一个突出变化就是中国、印度等新兴能源消费大国的出现。作为回应，布什政府在其出台的《能源外交与安全法案》中特别提出，应寻求与中国和印度签订一项关于能源合作的正式协定，让其加入国际能源供需系统，从而降低大国之间发生能源冲突的可能性。再次，美国总统及其政府成员的个人背景深刻地影响着美国能源外交战略的制定。布什政府的能源外交战略与小布什的共和党人身份、其"新保守主义"主张及其身后的石油产业背景都密不可分，以至于布什政府的政策报告看起来"更像是埃克森美孚石油公司的年度报告"。最后，根深蒂固的意识形态理念和深入骨髓的世界霸权思想塑造着美国政府能源外交战略的核心内容。在布什政府时期美国对中亚地区的重视固然有牟取巨额利润的经济动因，但布什政府更是看中了这一地区的独特地缘政治优势，试图通过对该地区的控制达到向北挤压俄罗斯、向西控制伊朗和中东、向南牵制印巴、向东遏制中国的多重战略目标。

当然，两位作者的这一著作还存在一些美中不足之处。比如，从篇章结构上看，本书在铺垫内容上用墨略多，这使中心论题的展开与深入稍显不足。再比如，文中对布什政府以前的历届美国政府，尤其是克林顿政府的能源战略多有介绍，但却并未论及布什政府的能源战略对奥巴马政府相应政策的影响，这使本书在总体上略显欠缺。不过，瑕不掩瑜，通过两位作者的论述，我们不但可以窥见布什政府制定能源外交战略的内在历程，更可以正确认识中亚地区在美国政府外交战略中的地位，从而有助于我们构建相应的中亚能源外交战略。

中国加入世界贸易组织后开始步入新一轮的高速增长周期，工业化和城市化进程大幅加快，能源消费弹性系数不断提高，能源消费结构不合理和人均能源资源拥有量不足的问题越来越突出并成为制约我国社会经济发展的瓶颈。在中国目前的能源消费结构中，煤炭仍居于主导地位。相对石油和天然气而言，煤炭不但能源利用效率低，而且会造成严重的环境污染。据有关部门统计，全国烟尘排放量的 70%、二氧化硫排放量的 90%、氮氧化物的 67%、二氧化碳的 70% 都来自于燃煤。世界工业化国家的历史经验证明，当各国的重工业达到一个较高水平时，其能源消费结构都出现了从以煤为主向以石油和天然气为主的转变。但是，从我国拥有的能源禀赋看，煤炭的储量最为丰富，而石油、天然气的储量相对不足。另外，人口众多导致我国的人均能源资源拥有量处于世界较低水平，煤炭资源人均拥有量只有世界平均水平的 1/2

左右，石油、天然气人均资源量仅为世界平均水平的 1/15 左右。正是在这种现实条件约束下，自 1993 年中国成为石油净进口国之后，我国石油对外依存度已从 1995 年的 7.6% 增加到 2008 年的 50% 以上。到 2020 年，我国的石油消费量估计将达到 4.5 亿吨，届时我国石油的对外依存度将达 60% 甚至更高，中国的石油安全问题将会变得愈加突出。这个问题已经引起了中国国家领导人的高度重视。胡锦涛总书记表示，能源资源问题是关系中国经济社会发展全局的一个重大战略问题。在 2006 年 7 月召开的西方八国首脑会议上，应邀出席的中国国家主席胡锦涛着重强调了中国的能源政策，提出了"互利合作、多元发展、协同保障"的新能源安全观。从石油安全的角度来看，中亚地区在中国的能源战略中具有十分重要的地位。目前，中国与现有石油供给国家和地区之间大多存在漫长的海上石油运输通道，而中国海军的力量尚不能为此提供全方位的可靠保护。与之形成鲜明对比的是，中亚地区不但油气资源丰富，有"第二个波斯湾"的美誉，而且该地区通过陆路与中国西北地区接壤。加之上海经济合作组织的桥梁作用，这使中国和中亚地区在油气资源方面合作前景非常广阔。从这个角度来看，《美国的中亚能源外交（2001~2008)》一书的推出可谓恰逢其时，希望它能为中国制定中亚能源外交战略提供一些有价值的参考。倘如此，作为本论丛主编单位的中国社会科学院研究生院国际能源安全研究中心将深感荣幸。

著名国际关系学者大卫·兰普顿（David M. Lampton）曾

说过，"任何一个国家，只要能够解决石油困境问题，就能赢取下一个时代的经济控制权。事实上，只要能从石油困境中解放出来，就能确定一个新纪元"。

是为序。

一幅惊心动魄的石油万象图*

色彩，是大自然赐予人类最美妙的礼物之一。马克思曾经说过："色彩的感觉是一般美感中最大众化的形式。"作为一种先声夺人的艺术语言，色彩能以每秒30万公里的光速映入我们的眼帘，产生一种自然、鲜明而又强烈的视觉冲击。

正因如此，当我有幸读到迈克尔·伊科诺米迪斯与罗纳德·奥里戈尼合著的《石油的颜色》一书时，不禁眼前一亮。在大部分人的印象里呈棕黑色黏稠液体状的石油，在作者的笔下变得五彩缤纷。如果说书中关于石油三原色——资金、技术、人员的描述还多少显得有些古板与学究气的话，那下面的色谱则显得斑斓夺目：绿色——由美钞颜色彰显出的石油价值，黑色——自然属性维度下的石油初貌，红色——为争夺石油而引发的战争之血，红色、白色和蓝

---

* 本文为《石油的颜色：世界最庞大产业的历史、金钱、政治》（〔美〕迈克尔·伊利诺米迪斯、罗纳德·奥里戈尼著，苏晓宇译，华夏出版社，2010）的中文序言。

色——石油沙皇洛克菲勒之魂的象征，黄色——对政府对石油经济干预的利弊的隐喻，彩虹的颜色——拥有不同文化成本、社会秩序的世界各国如何支配石油的表现，紫色——代表财富与繁荣的石油贵族气质，新绿色——节能与环保主义，灰色——不恰当的能源发展战略产生的消极影响……在本书中，作者以独树一帜的视角、条分缕析的解构、翔实流畅的叙述，揭开了包裹在石油之外的一层又一层绚丽多姿的情感裂裟，赋予其分析以强大的艺术感染力和深刻的穿透力。掩卷沉思，读者可发现本书用看似波澜不惊的笔触，生动地勾画出了一幅惊心动魄的石油万象图。

这是一部在人类即将迈入 2000 年即世纪之交时写出的作品。时隔十年，国际关系愈显错综复杂，世界格局更添风云变幻。在此过程中，如何满足强劲增长的能源需求，如何应对日益紧迫的能源安全局面，越来越成为摆在世界各国面前的全球性难题。能源问题在国际事务中的重要地位日益彰显。

以美国与中东的关系为例。由于世界石油资源分布极不均衡，仅中东地区就占据了 68% 的世界可采储量，因而该地区成为举世瞩目的焦点。在武力推翻阿富汗塔利班政权和伊拉克萨达姆政权后，布什政府提出了雄心勃勃的"大中东民主计划"，试图使中东通过政治民主化、经济自由化和思想多元化向美国靠拢，并以此牢牢控制中东的石油资源，从而最终巩固美国的全球霸主地位。然而，事与愿违，欧洲盟国的懈怠、阿拉伯国家的群情激愤以及脆弱堪忧的安全局势，加速了该计划的破产。一方面，奥巴马自 2009 年上台执政，就多次表示要和伊斯兰世界改善关系，并将推进以巴和平进程作为奥巴马政府的一项首要工作。美国采取了新的策略和手段，但其目标仍是确保美国在中东地区事务中的主导地位。另一方面，2009 年 6 月 26 日，美国众议院以 219 票赞成、212 票反对的结果，通过了旨在降低温室气体排放、减少美国对外国石油依赖程度的《美国清洁能源安全法案》，这是美国首个温室气体减排法案。该法案规定以 2005 年排放标准为基数，到 2020 年使温室气体排放减少 17%，到 2050 年减少 83%。法案同时规定，美国有权对包括中国在内的不实施碳减排限额的国家的进口产品征收碳关税。通过向低碳经济转型，美国意图摆脱对石油的严重依赖，继而削弱中东、俄罗斯及巴西等石油国家在国际上的影响力，并进一步压缩高能耗的发展中大国，特别是中国与印度的发展空间。

这种唯"美"独尊的强权哲学倾向，在本书中也多有表露。在作者看来，控制石油，就意味着掌握了财富。"能源及对其的适当支配是一切创造财富的活动中最关键的一种，而且它们还是衡量当代国家贫富的最重要指标。""无论是敌国还是友国，宣称美国浪费能源、囤积资源的那种传统的肤浅论断应该被淘汰了。美国正在利用能源创造财富，而且效率极高。"提及此话时，作者似乎忽略了一点：美国的繁荣发展除因为其本土拥有较为丰富的石油等资源外，还因为它从亚非拉产油国进口了大量的廉价石油。而且，历次中东地区战争的背后也都有着美国的影子。进入 20 世纪 90 年代后，美国更是该地区几次战争的主要参战方。

在专门为本书中文第二版撰写的第 10 章《灰色》中，作者一方面为美国"被归罪于最大的污染者之一"鸣冤喊屈，认为这"大概是本世纪最明智而又充满了政治和意识形态色彩的手段"；另一方面，作者又明确提出，中国应解决日渐凸显的能源短缺问题，应将能源策略的重点放在"实现交通电气化"方面，认为这对从一个很低的水平起步的中国反而有利，而这一策略并不适用于基础设施非常完善的美国和欧洲。

节约能源资源，走科技含量高、经济效益好、资源消耗低、环境污染少、人力资源优势得到充分发挥的路子，无疑是我们坚持和落实科学发展观、实现中国经济社会可持续发展的重大战略。也正因为如此，在 2009 年哥本哈根世界气候大会召开前夕，中国政府宣布了控制温室气体排放的行动目标，即到 2020 年单位国内生产总值二氧化碳排放比 2005 年下降 40%~45%。中国以负责任的大国的姿态，不带任何附加条件地主动提出并承诺采取相应的政策措施和行动计划，为的就是绿色环保的可持续发展与人类社会的长久繁荣。

同时，我们必须看到，中国仍然是一个发展中国家，有着约占世界 1/5 的人口，肩负着消除贫困、发展经济的艰巨而繁重的任务。任何一个发达资本主义国家在提高生产力水平的历史进程中，无不倚重能源的必要保障。在未来一段时间内，由于新能源产业仍处于投入高、成本大的摸索阶段，基础能源仍将长期占据主要地位，中国的和平发展仍需仰仗对煤、石油及天然气等传统能源的利用。而且，正如发达国家所经历的，中国首先应该尽可能平稳且快速地实现主导能源由煤向石油和天然气的转换。

据有关专家分析，我国的石油消费与经济增长高度相关，相关系数达 0.98。据预测，从 2010 年到 2015 年，我国经济将进入新一轮上升周期，潜在经济增速在 9%~11% 之间，这势必将进一步拉动我国石油消费需求的较快增长。随着中国石油消费越来越依靠进口，国际社会出现了"中国石油威胁论"，认为中国的石油消费推高了国际油价，破坏了全球石油市场的稳定，威胁到了世界的能源安全。而实际上，虽然我国对进口石油有着较强的依赖，但因其份额较小，对国际原油市场以及国际油价的影响十分有限。所以说，操纵着国际市场风云变幻、掌控着国际油价的跌宕起伏的，实际上是欧美发达国家与巨型跨国石油公司。此外，我国既是能源消费大国，也是能源生产大国。2008 年，中国一次性能源的生产总量达到了 26 亿吨标准煤，石油可采储量也处于增长期。同时，中国利用国际市场实现能源来源供应多元化的努力，立足的是与国际社会及合作对象的平等相处、共同发展，谋求的是双赢与共赢。

正如同一滴水通过阳光照射的各个角度能够折射出绚丽的色彩，站在不一样的利益出发点制定石油战略也将得出不同的结论。《石油的颜色》为我们打开了一扇从颜色的标记指意性与情感表现性角度看待"世界最庞大产业的历史、金钱和政治"的窗户，透过此我们可观察暗流汹涌的石油如何挑动牵引世界经济的脉搏，如何激荡变革与发展时代的潮汐。

　　值得一提的是，迈克尔·伊科诺米迪斯与唐纳·马里·达里奥合著的新作《石油的优势：俄罗斯的石油政治之路》，作为"中国社会科学院研究生院国际能源安全研究中心译丛"中的第一本，已于 2009 年 8 月由华夏出版社出版。该书面世后在国内财经类图书排行榜上长期位居前十，并一度跃居前五，在业界赢得了良好的声誉，引起了较大的反响。这印证了两位作者的对石油敏感的触角和对石油政治华丽外衣裹饰之下的内幕之洞悉。该书的热销使中国民众对石油问题的关注程度大大提高。若《石油的颜色》一书能再次将读者的目光聚焦于此，则为幸矣。

透视石油硝烟弥漫的背后[*]

　　"兵者，诡道也。"自古以来，催生并伴随着朝代更替、社会变迁的是各种力量的较量。无论是在金戈铁马、刀光剑影的古战场，还是在炮火轰鸣、硝烟弥漫的现代战场，抑或是在资本、信息乃至话语权的博弈中，在各种较量的之前、之中、之后，似乎一直都有一位如影随形的使者，那就是"阴谋"。胸怀天下而发动战争者、追逐利益而使用武力者，甚或阿谀的赞美与献媚者，他们所言所行中的阴谋、诡计、圈套比比皆是。

　　一场场战争与较量背后隐匿的真相与内幕若无人探究与追问，则将随时间的流逝而被掩埋、遗忘、吹散在历史的风尘里。幸好这个世界尚不缺少勇于"大音希声扫阴霾""拨开云雾见青天"之人。自由作家安迪·斯特恩或许就是这样一位智者。他在本书中以翔实丰富的史料、清澈明晰的思

---

　　* 本文为《石油阴谋》（〔美〕安迪·斯特恩著，石晓燕译，中信出版社，2010）的序言。

路、冷静客观的分析，全景式地描述和阐释了自19世纪中叶现代石油工业诞生以来数次石油战争的缘起与发展、各种战略招数的流变与演进，以及利益较量各方的政治与军事生态。它不仅使我们惊诧于各种表象背后的真实，更引导我们在视野开阔之后开始沉思：

　　　　第一次世界大战的协约国怎样"在石油海洋上驶向胜利彼岸"？

　　　　在第二次世界大战初期，乃至一些重要战略关口，美国为何迟迟不向日本实施石油禁运？

　　　　美国政府以"沙漠盾牌""沙漠风暴"为名发起的海湾战争、以"萨达姆拥有大规模杀伤性武器"为由发起的伊拉克战争，是正义之战吗？

　　　　为什么美国乐此不疲地介入阿以冲突，并且或直接或间接地参与历次中东战争？

　　　　为什么美方势力长期停留并不太平的阿富汗，并始终觊觎和不断插足中亚？

　　　　在谈到安哥拉内战、比夫拉战争、"高加索火药桶"的点燃时，为何"石油"二字必被提起？

　　　　……

　　相信读者在看完本书后，或对上述疑问会有更深入的了解，或可从书中找到自己的答案，至少可以从中获得一些启迪。若真如此，也不枉费本书译者高级工程师石晓燕女士的一番辛劳。石晓燕女士一直从事采油工程、油藏工程和地质开发等方面的研究，为科班出身且素质全面。近年来，她潜心钻研、笔耕不辍，不仅发表了大量专业论文，而且翻译了一系列国际畅销书。本书就是她的又一工作成果。或许书中披露的事实和信息只是冰山一角，更多的谜团与真相尚有待进一步追寻与探究，但无论作者还是译者，都希望通过本书发出警示——应时刻注意"能源问题"这把高悬于我们头顶的达摩克利斯之剑！

纵观人类社会的发展，经济的增长、技术的进步、文明的变迁都伴随着能源的更替与利用。天下熙熙，皆为利来；天下攘攘，皆为利往。资源是有限的，欲望却是无穷的，需求还在不断增长。正因如此，能源也就成为世界各国始终关注的利益焦点与角逐热点。中国要发展、中国社会要进步、中国人民的生活水平要提高，都离不开能源。能源的稳定供应与安全关乎国计与民生，能源的发展战略与规划影响当下与未来。无论是过去传统能源战场中的争夺，抑或是今日能源资本市场的投机，还是新能源赛场中的逐鹿，要想"赢"，不仅要有足够的政治军事与经济实力，而且得讲究战略战术，既要明确目标、华丽进攻，又需严防密守、警惕阴谋。

正如在本书中直言的那样，美国、法国、英国等西方发达国家在实现工业化的进程中，通过政府和石油巨头的联手策划，利用霸权战略、垄断联盟和军事打击等手段，在全球掠夺石油等资源。为了获得海外石油资源的控制权，无论是在非洲、亚洲，还是在拉丁美洲，"它们一直都在毫不犹豫地贿赂政府官员或者颠覆政府"。而当它们的社会生产力水平、国民收入水平和国家整体实力提升到一个相当的高度后，又开始把注意力转向"环境污染""气候变化"等问题。在最近一段时期，西方一些公众人物和机构频繁刻意渲染和鼓噪中国、印度等发展中国家在工业化和现代化进程中对国际能源安全与生态环境的消极影响和所谓的"威胁"，其居心和用意并不简单。

　　中国不仅正处于产业与经济发展转型升级的关键阶段，而且其较快的经济增长速度还将持续一段时间。其对传统能源的需求和消费在今后较长的一段时间里仍将继续以较大幅度增长，新能源完全替代传统能源甚至占主导地位的局面还需等待相当时日才能实现。我们有权继续依靠传统能源消灭贫困、发展经济、利国利民，当然也有责任和义务为了绿色地球、和谐生态而尽量减少因使用化石能源而造成的环境污染。据统计，2009 年中国国内一次性能源消费中，煤炭占消费总量 68.7% 的比例，石油占 18%，天然气占 3.4%，而可再生能源消费比重仅为 9.9%。这一数据充分反映，我国的能源消费结构是以煤炭为主的"低质型"能源消费结构，这正是我国能源开发和利用成本高、效率低、污染大且为人诟病的原因所在。因此，当务之急就是大力推进我国现有能源消费结构的战略性调整，迅速而平稳地实现主导能源由煤炭向石油和天然气的转换。

　　实现能源供应的稳定与多元化也尤为重要。2009 年，我国原油产量 1.89 亿吨，净进口量却高达 1.99 亿吨，对外依存度飙升至 51.29%，超过了警戒线。同时，原油进口资源的 50% 以上来自中东，而进口石油的 80% 又通过马六甲海峡运输。在中东地区多次爆发的战争、冲突，以及马六甲海峡拉响的恐怖袭击警报时刻刺激着中国石油安全的神经。若不加快建立石油战略储备体系、加紧实现石油开发供应和运输多元化、提高独自保卫海上石油通道的战略与战术能力，一旦现有源头和通道被人控制，我国就会被"扼住咽喉"，国内将出现严重的能源危机，这将直接威胁我国的经济命脉与国家安全。

虽然因石油而起的硝烟未曾弥漫中华大地，但这并不意味着我们将与之永世"绝缘"。更何况，面对石油金融化燃起的浓浓战火，我们早已不能置身其外。石油作为世界上贸易量最大的商品，其大量的交易是通过金融市场实现的。2007 年美国次贷危机引发的全球金融海啸，把投机者的贪婪目光从证券和股票引向石油、黄金的交易。被反复鼓吹的"石油峰值论"和虚高的石油消费预期更成了期货投机商们的利器，推动了石油价格的大幅攀升。我国由于在世界石油市场和国际金融市场中处于弱势地位，是一个石油净进口国，且对石油价格的形成影响甚微，再加之对石油市场需求与价格走势缺乏清晰判断，因而也不得不为自己的盲从、为石油期货市场泡沫从加速膨胀到骤然破灭的过程，支付了巨额学费。

随着经济全球化的深入发展，全球能源争夺将持续白热化。如同血液一般珍贵的石油，在推动经济腾飞、保障国家安全方面发挥了巨大作用，因此它在短期内不是其他资源所能够替代的。"履霜，坚冰至。"既然无法也不可能从波诡云谲的石油博弈舞台中脱身而出，那么我们就更需要运筹帷幄、有所作为。在目前形势下，唯有继续扩大对石油的开发和利用，才能加大对石油市场的掌控力度；唯有继续让石油企业"走出去"并拓宽国际合作渠道，才能有更多的海外权益油被"引进来"；唯有继续深入参与国际石油资本的运作，试水前行，才能更加熟悉规则、更好防范风险；唯有继续完善并创新石油生产力配置与石油储备体系，才能推动实现石油产业的战略性发展，从而进一步提升国家的整体实力与竞争力。

值得一提的是，本书英文版的第一次出版是在 2005 年。当时美国能源政策的重点仍是"如何获得更多的石油"，"对通过降低石油消费或者提高能源效率来减少石油供应的方法却几乎没有或者根本没有探索过"，中国的"政府和行业在改变目前消费模式方面几乎什么也没有做"。时至今日，由于传统能源市场危机和风险的增大，再加之节能减排与可持续发展的需要，以核能、风能、太阳能为代表的新能源成了继石油之后的又一个"兵家必争之地"。

美国在任总统奥巴马曾尖锐地指出："谁掌握清洁和可再生能源，谁将主导 21 世纪；谁在新能源领域拔得头筹，谁将成为'后石油经济时代'的佼佼者。"正因如此，他在上台不久后推出"美国复兴与再投资计划",计划在3年内让美国可再生能源的产量倍增,并在未来10年内投资1500亿美元进行新能源开发,同时创造500万个新工作岗位。无疑,美国已经将新能源技术革新和产业升级作为拉动经济增长、巩固战略优势、重塑国家竞争力的又一法宝。

而在中国,新能源的发展从2006年开始获得了国家的政策扶持和财政支持:"支持和推进新能源、节能环保等技术研发和产业化""大力发展循环经济和清洁能源"等被写入政府工作报告,"十二五"能源发展总体规划和专项规划正在被加紧编制,各省市也陆续出台了新能源规划并开始打造新能源产业基地。截至2009年底,我国水电装机容量为1.97亿千瓦,核电在建规模2450万千瓦,太阳能热水器热利用面积1.45亿平方米,均居世界首位;风电装机容量超过了2200万千瓦,居世界第三。在电动汽车方面,中国也掌握着多项关键性技术,与西方国家站在了同一起跑线上。

有人认为,竭力鼓吹新能源和低碳经济或许又是欧美发达国家站在道德高地和新的经济制高点上布阵的又一个阴谋。发展策略也好,竞争阴谋也罢,关键在于我们如何迎战,更在于我们拥有怎样的实力储备与科学规划。若是一味追求规模和数量、盲目跟风、低水平重复建设,则不仅无益于今日之发展,还会埋下新的隐患。但若是借着这股全球发展新能源和低碳经济的热潮乘势而上,实现中国能源结构的优化与转型，那么即使无法在这轮新能源大赛中力拔头筹，我们仍将是谢幕时的微笑者。

"兵者，诡道也。"故"能因敌变化而取胜者，谓之神"。

是为序。

第三篇

能源·市场篇

——能源背后的市场力量

未来几年国际油价将保持低位[*]

2014 年，全球能源市场发生了重大的转折性变化，作为能源市场风向标的国际原油价格在 7 月之后快速下跌。对这一现象的解释多种多样，但是本质上只有两种观点：供需基本面变化与阴谋论。实际上，油价下跌是由多种因素共同推动的。

一 供给能力增加是近年来国际能源市场的主要特征

从市场供求关系看，国际油价确实具备了进入下行通道的条件。美国页岩气革命以来，国际能源供给尤其是油气供给趋于宽松，供给能力的增长快于消费的增长。2014 年，世

---

* 本文改编自《世界能源发展报告（2015）》（黄晓勇主编，社会科学文献出版社，2015）中的《世界能源发展及形势分析》一文，原载于《中国能源报》2015 年 6 月 29 日第 4 版。作者为黄晓勇、刘强、王炜、任朝旺。

界石油供给为 1115.24 百万桶/天，高于消费（1105.59 百万桶/天）。由于世界经济尚未走出危机，对能源和石油的需求增长缓慢。2014 年的石油需求仅增长 0.98%，而扣除中国石油消费的增长之后，世界石油消费增长仅为 0.65%。

世界石油供给方面自 2012 年以来一直稳步增长，除美国页岩气和加拿大油砂等非常规油气资源加入供给能力之外，石油输出国组织（OPEC）的产能也在增加。从 2008 年到现在，美国油气当量产量增加 400 万桶/日，加拿大的油砂产量增加 100 万桶/日。非常规油气生产的增加抵消了 2011~2013 年利比亚、伊朗等地的产量下降。利比亚虽然陷于内乱，但是 2014 年其产量明显增加，增量达 100 万桶/日。2014 年 10 月召开的 OPEC 会议认为，2015 年原油产量会增加 220 万桶/日，但是需求只会增长 100 万桶/日。

非常规油气，主要是北美地区的页岩气和油砂生产，是影响全球石油供应的一个重要边际因素，它具有明显的信号意义。此前曾经普遍估计美国页岩气产业的油价盈亏平衡点在 60~80 美元/桶当量之间，但是目前来看，美国有很多页岩气生产井的盈亏平衡点在 60 美元/桶当量之下，甚至有些生产井低至 30 美元/桶当量。这些项目一旦建成并经过前几年的加速折旧，后期只要维持生产即可实现赢利。而维持生产的成本明显低于项目前期计算的盈亏平衡点。同样的情况也出现在加拿大的油砂生产方面，因为已建成产能基本都会继续生产。因此，由非常规油气带来的供给增加，虽然在总的供给能力中份额有限，但是它对 OPEC 决策有重大的影响，即阻止 OPEC 做出限产保价的决策，并更多地以维持低油价来确保市场份额。

全球能源市场供给能力的增加主要来自美国。这与美国再工业化战略有密切的关系。美国页岩气产量已经从 2007 年每天约 40 亿立方英尺 [①] 增长到 2012 年每天约 260 亿立方英尺。美国天然气总产量从 1995—2002 年每月 2.0 万亿立方英尺的稳定水平，增长到 2012 年的每月 2.5 万亿立方英尺。2005~2011 年美国原油产量都维持在 500~550 万桶/日之间，而从 2011 年起中美国的原油产量开始逐步提升，从 550 万桶/日的产量一直增加至 2014 年底的 930 万桶/日。

2003 年开始美国钻探业进入高速发展期。到 2008 年夏天，钻探设备总数达到 2000 台，是 2003 年的两倍多，其中，石油钻机大约 400 台，天然气钻机 1600 台。2009 年美国钻井数开始从低点回升，2012 年中到 2014 年 3 月钻井数量维持稳定，之后开始上升，2014 年 10 月 10 日石油钻井数增加至 1609 个，创历史峰值。考虑到 2014 年 10 月钻井数量才刚刚见顶，2015 年页岩油产量仍会增长，有可能达到 500 万桶/天的规模，达到甚至超过常规石油的产量。

美国的非常规液体燃料发展迅速，各种非常规液体燃料，包括页岩油、常规和非常规天然气液、生物燃料等，已经超过了常规石油的产量。由于这些设施一旦建成，后续的可变成本就很低，从而催生较低的石油价格。目前的低油价

---

① 1 英尺 =0.3048 米。

对未来的投资产生影响，但基本不会影响现今的产能。在当今需求不振的大环境下，现有产能已经足以满足需求，新油井减少并不会对当前油价产生很大的压力。未来只有出现需求强劲增长的情况，油价才会有快速上涨的动力。

二　需求不振导致国际油价失去上涨动力

在需求一方，2015 年的世界经济增长前景目前并不乐观。除美国经济总体较好外，中国、日本、欧洲和新兴市场国家的经济形势都出现了问题。国际货币基金组织 1 月 20 日发布的《世界经济展望最新预测》中，2015~2016 年全球增长率预计将为 3.5% 和 3.7%，相比 2014 年 10 月《世界经济展望》的预测下调了 0.3 个百分点，反映出对经济增长预期的不足。因此，世界能源需求增长前景十分有限。联合国预测 2015 年全球经济增长 3.1%，2016 年增长 3.3%。世界银行预测 2015 年全球经济增长率为 3.0%，2016 年为 3.3%。

在这种背景下，美国能源信息署（EIA）认为：由于供给能力持续增加和需求疲弱的双重因素，2015 年全球石油库存水平在上半年会继续保持高位，抑制由于钻井数量减少带来的价格上涨压力。相应的价格预测是，2015 年布伦特油价全年平均为 58 美元 / 桶，上半年油价稳定在当前水平，下半年会逐步上升，第四季度会达到 67 美元 / 桶。WTI 油价 2015 年预测平均为 55 美元 / 桶，2016 年为 71 美元 / 桶。WTI 与布伦特之间的差距，2015 年预计为 3 美元 / 桶，2016 年为 4

美元／桶。

除供求关系的改善外，目前美国经济形势明显好于其他经济体，导致美元汇率升值。以美元计价的国际石油价格在美元升值背景下出现下跌，也是非常正常的。随着美元的进一步升值，石油价格保持在低价位是可以预见的。

尽管供求关系是导致本次石油价格下跌的主要因素，但是也不能忽略地缘政治因素对油价的影响。美国页岩气革命自 2012 年开始就逐渐显现出巨大威力，世界经济也一直处于低谷之中，但是在 2014 年 7 月之前，石油价格一直保持在100 美元以上（布伦特油价）。到了 2014 年 7 月份，石油价格突然出现断崖式跌落，这一时机与多种国际政治因素相契合，也为阴谋论提供了论据。

在这种大背景下，石油价格在未来几年将保持在较低价位几乎是可以确定无疑的。从历史经验看，石油价格本身就是一个振幅很大的波动过程，低油价时期持续几年也非常正常。如 1986 年开始的油价雪崩，一直到 1990 年的海湾战争才结束；而 1998 年开始的低油价，一直持续到 2002 年。

2014 年下半年国际油价的一轮暴跌，反映了石油生产国和消费国之间利益格局的重大调整，这将对全球能源生产和消费结构，乃至全球经济、政治格局带来深远影响。

首先，低油价将影响全球能源生产与消费结构。

低油价将推动全球能源结构的变化。在高油价时期，各种替代能源的发展受到了高度重视。美国重点发展非常规油气资源，包括页岩油、页岩气、生物乙醇，同时也开始讨论是否开发北极油气资源、深海油气资源，是否向外出口石油和天然气。美国的这些政策与措施直接增加了全球边际能源供给，对国际油价下降贡献甚大。当国际油价下跌 60% 以后，陆上的常规和非常规油气新钻井投资受到抑制；阿拉斯加和深海油气资源开发处于进退两难的境地，其结果很可能是原有投资会继续以挽救沉没成本，而新的投资会延后进行。

由于国际天然气贸易采取与石油价格挂钩的计价方式，石油价格保持低位必然影响到天然气贸易。2014 年乌克兰危机以来，欧盟和俄罗斯之间的能源关系日益复杂，俄罗斯试图扭转天然气贸易中的重欧轻亚现象，因此与中国达成天然气贸易长期协议。但是随着国际油价快速下跌，中俄天然气管道项目时间表可能会后移。此外，国际液化天然气贸易价格也开始下降，并且由于前期投资较多，形成了一定程度的供过于求局面，因此在需求不振的背景下，天然气价格也极有可能在未来几年保持目前的低位水平。

对其他致力于发展风电、光伏等可再生能源的国家和地区，由于石油价格下跌、经济增长乏力，带动其他传统能源如煤炭、天然气的价格下降，可再生能源的成本差距被进一步拉大。如果没有其他措施，如环境规制、碳排放交易的保护等，可再生能源的发展动力将会大受压迫。从目前看，世界各国的可再生能源项目有的已经建成，有的接近于完成，因此现有项目不会受到冲击，但是，电网企业势必会更偏爱传统能源电力，如煤电。这种情况下只有配额制才能保护可再生能源电力的消纳。

尽管石油、煤炭、天然气的价格走低，但是目前看来，日本、中国、印度和其他国家的核电计划尚未受到影响。这说明，各国尤其是能源进口国对于减少对化石能源的依赖已经取得了共识，这里面既有能源安全方面的考虑，也有温室气体减排方面的考虑。也正是由于这一原因，OPEC 主要成员国在接受较低油价以维持市场份额这一选择上基本上达成一致，否则任由高油价维持下去，其市场份额势必更为减少。

其次，低油价对世界经济和政治格局将产生深远影响。

国际油价如果长期保持低位，势必影响全球利益分配。按照经济地租的概念，高成本油田会逐步退出供给方，把市场份额让给低成本的油田。从生产国的角度也是同样道理，那些生产成本较高的国家势必要削减高成本油田的石油产量，增加低成本油田的产量。因此，在短期内很有可能出现一个奇怪的现象，即油价下跌，石油供给反而增加。这会进一步加重油价的下跌压力，因为那些依赖石油收入的高成本生产国会致力于增加产量。但是从长期角度看，由于新投资的减少和高成本油井的退出，供给能力会下降。

在这一机制下，中东、北非国家的市场份额可能有所增加，部分弥补由于石油价格下跌带来的损失。而俄罗斯、委内瑞拉、伊朗的长期市场份额有可能下降。中国这样的石油净进口国的石油产量也会降低增速甚至降低产量。巴西、阿根廷这些以深海油气为主的国家则会减少新的投资。美国已经开始研究是否要撤销石油出口的禁令。布鲁金斯的研究报告显示，撤销出口禁令将对美国能源工业和美国经济产生利好影响。美国政府于 2014 年中就曾小幅放宽原油出口禁令，允许为数不多的几家公司将凝析油经过加工后出口。

石油价格走低对于俄罗斯经济将产生重大影响。自 2014 年 7 月以来，俄罗斯能源出口收入剧减，财政形势恶化，并引起汇率贬值、资本外流。为维持俄罗斯的长期经济稳定，恢复增长，俄罗斯将加大与亚太国家尤其是中国的经济联系，目前已经向中国企业发出参与投资西伯利亚和远东的邀请。

由于国际石油价格以美元定价，油价与美元汇率有十分密切的关系。国际油价下跌势必伴随着美元升值。目前美元对世界主要货币的升值已经非常明显，并且引导国际资本向美国本土流动。这一走势使得美国之外的其他经济体出现银根趋紧、通货紧缩，资本流动性减少。同时，各大宗商品和不动产的价格失去上涨动力。目前中国、欧洲、日本都出现了这一情况。因此，油价的变化将对全球宏观经济产生深远影响。

从石油价格的周期看，下一轮油价上涨可能需要等待世界经济新的增长周期的来临。届时，油气勘探投资减少的效应与世界经济增长带来的需求增加的效应相叠加，会形成新一轮的油价快速上涨。而油价谷底的时间长度，则取决于世界何时能够摆脱经济低迷状态。

伊朗原油增产预期助推 国际油价走低[*]

    国家发改委 21 日发出通知，7 月 22 日 0 时起下调国内汽柴油价格，汽油每吨下调 265 元，柴油每吨下调 265 元。国际原油价格持续下跌导致近期原油价格变化率一直处于负值。22 日国内油价迎来"三连跌"。英国布伦特原油期货价格已从 5 月 19 日的每桶 66.14 美元跌至 7 月 21 日的每桶约 56 美元，跌幅约为 15%。那么造成最近油价持续走低的因素有哪些呢？

    首先，油价持续走低，最直接的原因是伊朗核问题谈判达成协议。7 月 14 日，伊朗核问题六国（美国、英国、法国、俄罗斯、中国和德国）与伊朗达成历史性的全面解决伊朗核问题的协议，就延续了 12 年的伊朗核问题达成政治共识。联合国安理会 20 日也通过决议，联合国将终止此前通过的 7 个对伊朗的制裁决议，但对常规武器和弹道导弹的禁运仍将分

---

    *   本文原载于人民网能源频道，2015 年 7 月 22 日。

别持续最多五年和八年。

伊朗是石油输出国组织（OPEC）成员国。英国石油公司 2014 年 6 月发布的统计数据显示，伊朗探明石油储量高达 1570 亿桶，居世界第四。伊朗核谈判达成全面协议以及国际社会对伊朗制裁的部分取消，对进一步释放原油产能意义重大。伊朗国家石油公司已要求其旗下所有油田今年内扩大产能，如市场需求充足，该公司石油产量将恢复到被制裁前的水平，即每天 400 万桶。伊朗石油部副部长此前曾表示，一旦核谈判协议达成，伊朗希望快速将原油出口产量翻番，同时推动 OPEC 更新其成员国市场配额体系。制裁取消后，伊朗石油日出口量每天将增长 100 万桶，这使得本已供过于求的国际原油市场过剩加剧。从中长期看，伊朗的石油产能还将持续释放，这一因素有可能对国际油价造成压力。

其次，7 月 5 日希腊举行公投，希腊民众对国际债权人的救助方案的反对，加大了希腊退出欧元区的风险，这对欧元区经济增长构成潜在威胁，进而影响到该地区对原油的需求，这也构成了国际原油价格下跌的压力。

再次，近期国际原油市场过剩的局面有所加剧。从供给侧看，虽然低油价对美国页岩油开采造成一定冲击，但这种效果尚未完全显现，大面积停产的状况并没有出现。同时，数据还显示，今年 5 月，OPEC 成员国石油产量继续攀升，达到两年以来的高位，这其中主要归因于今年来安哥拉石油出口的增加，以及沙特阿拉伯和伊拉克创纪录或接近纪录的石油产量。OPEC 成员国的增产抵消了美国部分小型油田停产带来的产量下滑。美国能源信息署（EIA）公布的数据显示，美国的原油库存出现4月以来的首次增加。从需求侧看，全球经济复苏进展仍然缓慢，石油需求增长有限。

此外，美元升值预期的增强也对油价回升形成压力。上周美联储主席耶伦在国会听证会上表示，美国经济和劳动力市场已进一步改善，相信美国国内通胀率将逐步上升，在今年某个时候加息很可能是合适之举。这一表态使全球对美国加息的预期增强，美元对主要外币汇率进一步走强。由于石油主要以美元计价，美元升值预期对国际油价也形成了打压。

总体来看，供需因素仍是影响国际油价的决定性因素。今年国际石油市场供需总体宽松，只要不发生严重的国际地缘政治事件，国际油价有望保持低位徘徊，且不排除有进一步走低的可能性。

电力体制改革要争取
释放更多红利*

近日，《关于进一步深化电力体制改革的若干意见》出台。新一轮电力体制改革的重点在于"管住中间、放开两头"的体制构架。而有序放开输配以外的竞争性环节电价和向社会资本放开配售电业务成为该项改革的基本路径。

"管住中间、放开两头"指：一方面，对输配电网环节加强政府监管，实行政府定价，确保电网的安全、稳定；另一方面，在发电侧和售电侧引入竞争，放开用户选择权，使价格由市场形成，逐步实现电力市场的公平开放。"管住中间、放开两头"的体制构架，符合国际电力市场化改革的基本特征，兼顾了政府职能和市场作用。

此次改革具有积极意义，或将给市场带来红利。首先，"放开两头"使电力市场的竞争性得以充分展现。未来，大用户直购电的实现和独立电力交易市场的建立，将会促进用

* 本文原载于《经济日报》2015年3月31日第9版。

电企业和配售电企业逐步拥有更多自主权，有利于进一步促使电企降低成本、提升效益，并有利于用电企业降低成本。企业用电价格适度降低也有利于提升我国产业特别是制造业的国际竞争力。

其次，改革将转变输电环节企业的盈利模式，重新定位电网的功能和收益机制，并进一步细化对输电环节的监管措施。此前在深圳的试点过程中，在输配电电价核准时严格核减与输配无关的资产和不合理资产的做法，强化和细化了对该环节的监管。对输电环节的成本和价格的严格约束，也有助于扩大用电价格下调的空间。深圳试点公布的方案显示，在未来三年中，输配电价平均水平分别为每千瓦时0.1435元、0.1433元和0.1428元，呈不断降低的趋势。

再次，此次改革强调了对不同电价等级实施细化核准方法，为未来输配电价独立核算、交叉补贴核算和矫正初步奠定了基础。因为批量大、负荷稳定、峰谷差小，工业用电的电网供电成本较低。但在销售电价中存在的工业用电与居民用电的交叉补贴，使电价承担了一定的财政转移支付功能。而交叉补贴则会混淆自然垄断环节经营性亏损和政策性亏损，并通过价格使其隐形化，遂造成目前我国居民用电实际价格低于工业用电的局面。因此，此次改革通过实施不同电价等级细化考核，可对电网企业进行更科学有效的监管。

然而，电力体制改革是一项十分复杂的系统工程，特别是输配电价改革关系到与我国电力行业相关的多个领域，包括投资的有效性和适度性、可再生能源的并网接入以及电力产业上下游的有序发展等。电力体制改革实可谓任重道远。

要深化电力体制改革，我们还应关注以下五个问题。

第一，政府管住输配电价，意在明确输配电企业的公益性定位，但这将改变电网企业目前的盈利模式，并需要对电网企业的成本进行有效监管。这可能产生一些难题，包括如何有效激励电网企业降本增效，如何保证电网企业未来扩大电网建设的资金来源，未来电网建设投资是否大部分需要更多财政投入。

第二，经营性与非经营性用电价格的分别，可能造成输配电企业对工业、商业等的经营性用电的服务积极性高于其对农业、居民等的公益供电事业的积极性。今后应加强价格、财税等配套政策的出台，以激励和监督电网企业提供普遍性与公益性服务，而非一味强调逐利性经营。

第三，售电侧的逐步放开是否会导致居民用电价格上涨，也是学界和业界的关注焦点之一。一些观点认为，多家售电公司形成竞争未必会降低电价。改革结果可能增加销售环节的费用和输配与售电之间的交易成本，因此平均电价水平可能不降反升。而居民电价也可能因不再享受工商业电价的交叉补贴以及售电竞价而面临频繁波动。因此，售电侧的开放需要稳步推进，需要测度居民电价与农业用户电价的合理定价区间，以及采取有效措施如确立阶梯电价制度，并对低收入群体给予一定的财政补贴，核心是要尽可能保持售电侧扩大开放期间的电价稳定。

第四，发电侧的售电完全通过竞争定价，可能加大水电、风电、光伏发电等因受技术条件限制而目前经济性相对较差的清洁能源的并网难度。虽然日前国家发改委、国家能源局已经发布《关于改善电力运行调节促进清洁能源多发满发的指导意见》，提出多项措施鼓励清洁能源优先并网，但落实该文件，同时保证清洁能源优先并网既能促进清洁能源健康发展，又能使传统能源与清洁能源形成电力大市场，仍有大量的工作要做。

第五，启动发电侧和需求侧的竞争模式，可能会使发电企业和用电大户企业在节能减排上面临更大压力。若发电企业之间竞争更趋激烈，则可能会出现部分发电企业为节省成本在减排工作中压缩成本的现象。因此需要在改革过程中进一步加强对发电企业的环保监管。同时，对用电大户而言，电价下降可能会削弱其节能动力，造成其污染物排放和电力消耗增加。因此，改革必须通过具体措施调整企业在节能减排与直购电交易上的权利和义务。

电力体制如何改革是一个世界性难题，它涉及电力系统技术经济特点的复杂性、既存管理体制的惯性、发电和输配电环节中效率与安全之间的关联性和矛盾性等一系列问题。要顺利推进我国新一轮电力体制改革，让改革释放更多红利，仍有许多配套和后续工作要做。

全球核电市场的回顾与展望*

2015 年全球核电产业逐渐走出日本福岛核事故后的低谷，出现了明显的回暖势头。除了传统的核电大国外，中国、印度、巴西等新兴经济体以及沙特阿拉伯对核电都表现出了强烈兴趣，成为全球核电建设的主力军。中国更是以其占全球核电在建机组数量 1/3 的 24 台在建机组，在在建核电机组数排名中居世界第一。

一　全球核电缓慢复苏

国际原子能机构的统计显示，截至 2016 年 6 月 20 日，全球在运核电机组有 446 台，总装机容量为 388051 兆瓦；永久停运的核电机组数量为 2 台；在建机组数量为 63 台。图 1 显示了 1995 年以来全球在运核电装机容量的变化。总体上看，在经历了 2011 年之后的小幅下滑后，全球核电建设已进

　　*　本文改写自黄晓勇教授在中华能源基金会 2016 年 7 月 15 日于美国华盛顿举办的《中国能源焦点 2015：核能》发布会上的发言。

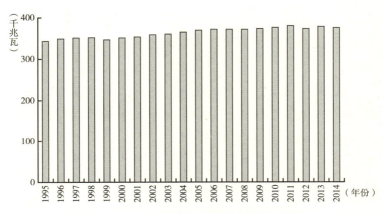

图 1　1995 年以来全球在运核电装机容量变化

资料来源：国际原子能机构。

入企稳回升阶段。

　　英国石油公司的统计显示，2014 年全球核能发电量同比增长了 1.8%，核电占全球发电市场的份额在福岛核事故发生后首次扩大。2015 年核电总装机容量保持增长态势，从 2014 年的 371.79 千兆瓦微升至 2015 年的 376.34 千兆瓦。

　　2015 年 8 月，日本九州电力公司的川内核电站 1 号机组重启，2 号机组也于 10 月重启。该核电机组的重启，结束了日本持续了 1 年 11 个月的"零核电"状态，成为全球核电回暖的一个重要标志。日本正逐步摆脱福岛核事故的阴影，日本公众对核电安全的信心正逐渐恢复。

　　在核电缓慢复苏的进程中，全球核电市场格局正悄然发生变化，即其重心由欧美等发达国家向新兴市场国家转移。目前全球核电的需求主要集中在中国、印度、俄罗斯、泰国、越南、印度尼西亚等国，以及北非和拉美地区。随着新兴市场国家经济的快速发展，核电成为这些国家和地区弥补能源缺口的重要选择。

从表1可以看出，新建核电机组主要分布在中国、俄罗斯、印度等新兴经济体，近60%的在建机组位于中国、印度和俄罗斯这三个国家。

表1　全球在建核电机组的分布

国家	机组数量（台）	装机容量（千兆瓦）
芬兰	1	1600
法国	1	1630
乌克兰	2	1900
白俄罗斯	2	2218
印度	6	3907
韩国	3	4020
沙特阿拉伯	4	5380
美国	5	5633
俄罗斯	8	6582
中国	24	24128
全球	66	63703

资料来源：国际原子能机构。

随着核电建设回暖，全球核电市场竞争也日趋激烈。不仅老牌的美国、俄罗斯、法国、日本等极力争夺新增市场份额，中国、韩国等新兴核电大国也后来居上，力争占有一席之地。与此同时，全球核电企业间的合作也在不断增强。核电是技术和资本密集型产业，业主方和整个供应链的高效合作是实现其经济性和安全性的保障。目前英国欣克利角C核电项目就是由法国电力公司（EDF）和中方联合体共同开发的。此外，中国国家核电技术公司正与美国的西屋公司共同开发土耳其核电市场。在全球核产业链中，各企业"你中有我、我中有你"的发展格局正日益凸显。

二　中国的核能市场

2011 年 3 月日本发生福岛核事故后，我国暂停了对新核电站的核准，一批福岛核事故前已经通过核准但尚未开工的项目也延迟开工；同时，我国还大幅提高了核电的安全审核标准。在 2012 年 12 月田湾核电二期工程项目被核准建设后，我国在 26 个月内再无新项目获批。2015 年 3 月，红沿河核电二期项目 5 号、6 号机组获批开工。至此，我国核电产业

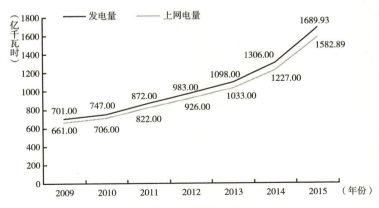

图 2　2009~2015 年核电发电量和上网电量趋势

数据来源：中国核能行业协会。

正式按下重启键，进入又一轮批准、新建和投产高峰期。

中国核能行业协会的数据显示（见图2），2015年，全国累计发电56184.00亿千瓦时，其中核电累计发电1689.93亿千瓦时，约占全国全年累计发电量的3.01%，这一占比首次超过3%。全年核电累计上网电量为1582.89亿千瓦时，比上年上升了29%。

尽管对当前大力发展核电国内仍有一些不赞同的声音，但总体来看，积极稳妥地发展核电仍然是我国必要和现实的选择。首先，核电是相对清洁的能源，在当前我国环境承载能力已经达到或者接近上限的背景下，发展核电是合理选择。我国能源结构以煤为主，煤炭消费量占我国能源消费量的比重约为2/3。煤炭的生产、运输和消费是我国大气污染的主要来源。优化我国能源结构，必须降低煤炭消费量的比重，构建起风、光、水、核等多元化的清洁能源体系。与水电、风能、太阳能等相比，核电具有稳定性强、经济性好等特点。它在改善环境方面也有明显优势：核电生产过程对于环境基本上是零排放。据测算，每4000万千瓦装机的核电每年可替代标煤消耗1亿吨。

其次，适度发展核电有助于增强我国的能源保障能力，从而有利于确保我国的能源安全。我国化石能源供给短缺，2014年我国石油对外依存度已升至近60%，天然气对外依存度超过30%。不仅如此，我国能源进口来源过于单一、通道安全缺乏保障的局面仍未彻底改变。适度加大核能开发是提升我国能源自给能力的重要途径。

再次，发展核电有助于促进高端装备发展，推动核电"走出去"。近年来，随着我国核电技术日益成熟，核电技术和装备出口已然成为或可与高铁技术并驾齐驱的拳头产品。目前我国在第三代核电技术方面已拥有两大自主品牌——华龙一号和CAP1400。我国自主设计和建造的核电站建设周期短、修建成本低，具有较强的国际竞争力。与此同时，我国现役核电机组一直保持着良好的安全运行记录，迄今未发生国际核事件分级（INES）2级和以上级别的运行事故。凭借其在经济性、安全性方面的优势，我国可以推动核电装备和技术的出口。但是，目前我国第三代核电站示范项目不足，运行时间较短，而国际上核电站建设和运营要赢得客户信任，往往需要十年以上的安全运行记录，示范项目的不足已直接影响了我国第三代核电技术品牌的塑造。我国需要通过一批第三代核电项目的快速建设和安全运行，积极努力打造核电领域的中国品牌。

三 全球核能市场的前景

2015年底召开的气候变化巴黎大会为各国减排设定了新的目标和义务，全球减排压力的进一步增加，势必将推动世界范围内核电建设的步伐。

2015年我国向国际社会提交的自主减排目标明确提出，中国的二氧化碳排放将在2030年前后到达峰值，并且中国会力争早日达峰，到2030年，单位国内生产总值的排放量将比

2005 年下降 60%~65%。要实现这样的减排目标，必须进一步优化能源结构，提高包括核电在内的清洁能源在能源消费中的比重。而且，从横向来看，我国核电目前仅占发电总量的 3%，仍然远低于全球约 16% 的平均水平。我国的相关规划提出，到 2020 年，核电装机容量将达到 5800 万千瓦，在建装机容量将达到 3000 万千瓦以上。这意味着我国未来核电项目建设还将继续大跨步发展，"十三五"期间每年或将新开工机组 5~6 台。

当然，我国核电发展也还面临一些不确定性。一是公众接受度仍然偏低。近年来，我国内地核电站建设就屡屡因受民众反对而搁浅。2013 年 7 月，江门核燃料项目也因民众的反对而被迫取消。我国公众对发展核电的态度不甚乐观，"十三五"期间能否顺利启动内陆核电站建设仍不明朗。二是电力供给过剩也在一定程度上抑制了对核电的投资热情。2015 年我国核电设备平均利用小时数为 7279.28 小时，利用率为 83.3%，同比分别下降 282.14 小时和 3.02 个百分点。核电设备利用小时数的下降，意味着设备未能实现满负荷运行，将直接影响核电运营的效益和对新电站的投资积极性。

从全球范围看，核电回暖态势可圈可点，未来发展前景依然良好。虽然美国到 2019 年将有 3 台核电机组被关闭，但由于其在 2016~2020 年将有 5 台新核电机组投运，美国核电装机容量到 2020 年仍将保持增长。英国亦欲重振核电产业，目前正在筹备欣克利角 C 核电站和布拉德韦尔 B 项目的建设。英国计划在 2030 年前新建 8 座核电站，并在 2030 年，大力发展用于发输电的小型模块化反应堆，这也是全球核电市场发展的标志之一。俄罗斯计划在 2030 年实现 6000 万千瓦的国内核电装机，同时将核电占发电量的比重提高到 25%。俄罗斯还在中国、伊朗、阿拉伯联合酋长国、南非、芬兰、埃及、匈牙利等国大力开拓国际市场。

新兴经济体更是不遗余力地发展核电。印度电力短缺，大气污染严重。近年来印度选择把发展核电作为解决能源问题的重要手段。目前印度在建的核电机组有 6 台，装机容量为 390.7 万千瓦。核电在印度发电量中占比不到 4%，印度政府计划到 2050 年将这一比例增至 25%。此外，白俄罗斯、埃及、孟加拉国、约旦、立陶宛、波兰、越南等国都把建设核电站提上日程，部分国家已经开工建设第一座核电站。即便是沙特阿拉伯和阿拉伯联合酋长国等石油资源丰富的国家也已启动核电站建设。

总体上看，新兴经济体为弥补能源供给不足、改善生态环境，普遍对发展核电表现出了较为强烈的兴趣。而发达国家由于能源供给的饱和、民粹主义的抵制等因素，其在建核电规模相对较小。即便如此，美、日、法等发达国家不仅没有放弃核电技术的研发，而且加快了争抢海外核电"大蛋糕"的步伐。

中国工程院组织撰写的《中国能源中长期（2030、2050）发展战略研究》指出，核反应堆技术发展大致分为热堆、快堆、聚变堆三步。第一步是发展已成熟的热中子堆（热堆）核电站，以满足当前和近期核电发展的需要；第二步是发展快中子堆（快堆）核电站及配套的核燃料循环体系，实现裂变核能的可持续发展；第三步是发展核聚变堆（聚变堆）核电站，最终解决人类的能源供应问题。

随着核电技术的发展，尤其是随着是第三代和第四代核电技术的成熟，核电的经济性和安全性无疑将进一步提高，而其近零排放的环保特征也日益被看重。与此同时，核电的发展也符合能源结构向低碳化、高密度转型的历史规律，这无疑意味着未来核电发展将具有良好的前景。而快堆、聚变堆以及乏燃料处理等技术的日臻成熟，或将有望使核电成为人类的终极能源之一。尽管目前仍有一些"妖魔化"核电的声音，甚至一些地方在一定时期形成了核电发展的"逆势"，但我们仍有理由相信，随着技术的进步、成熟与完善，核电一定会拥有美好的未来。

美国页岩气革命引领下的
全球能源格局*

　　2012 年，全球经济形势依然动荡不定，世界能源格局在这一年也发生了一些重大变化。虽然从金融危机爆发到 2012年已经过去了 4 年时间，但世界经济依然没有从危机的阴影中摆脱出来，制度性缺陷导致的美国财政悬崖、绵延不断的欧洲债务危机以及核事故后持续衰退的日本经济成为阻碍全球经济复苏的重要因素。黯淡的经济前景导致了能源需求的低迷，但受益于俄罗斯、印度、南非、巴西和中国五个"金砖国家"较好的经济表现，全球能源行业也出现了一些积极的变化。

　　实际上，经济形势仅仅是影响能源问题的诸多因素之一，其他如国际政治形势和新技术革新等都会对能源问题产生广泛而深入的影响，如 2011 年开始至今仍在持续的西亚北非动乱、日本福岛核事故以及伊朗核问题等，都在不同程度

---

　　* 本文为《世界能源发展报告（2013）》（黄晓勇主编，社会科学文献出版社，2013）的前言。

上对世界能源局势产生了消极影响。反过来，能源领域发生的重大变革也将对世界局势产生深远影响，如发生在美国的"页岩气革命"。随着美国页岩气、页岩油的开采量和供应量大大增加，美国有可能成为全球最大的能源生产国，甚至是重要的能源出口国。2011年，美国首次成为石油精炼产品的净出口国；国际能源署（IEA）的报告指出，2020年美国将超过俄罗斯、沙特阿拉伯成为全球最大的石油和天然气生产国。美国的"能源独立"直接对世界能源供应格局造成了冲击，进而对其外交和地缘政治局势甚至世界格局都产生了微妙的影响。

能源行业一直以来都是我国国民经济中一个重要的基础部门，也是关系国计民生和中华民族伟大复兴的战略性产业。能源的长期稳定供应是我国宏观经济稳定运行的基础和要求，也是我国顺利实现跨越式发展战略的重要保障。近些年来，我国经济持续以10%左右的速度发展，进入了一个重化工业和城市化进程加速的阶段，对能源的需求达到前所未有的水平，由此产生了两大挑战：一是对生态的破坏和对环境的污染越来越严重；二是能源的对外依赖程度不断加深。为了确保能源供应和能源安全，以及未来中国经济的稳定发展，我们必须随时关注世界能源格局的变化并适时采取有效的应对措施。

本报告是中国社会科学院研究生院国际能源安全研究中心推出的第一本关于世界能源发展的蓝皮书。基于世界权威组织机构发布的相关数据和丰富翔实的资料，本报告对当前世界能源发展概况、影响因素、发展趋势以及重大热点问题进行了深入研究并提出了相应的政策建议，以期对我国能源发展战略的制定有所借鉴。

本书的作者主要来自中国社会科学院相关研究所、国家发展和改革委员会、工业和信息化部、中国石油大学等单位，文责主要由作者本人自负。

本报告的研究和出版得到了中国社会科学院研究生院的资助，也得到了中国社会科学院领导、科研局领导的大力支持。皮书的顺利出版，得益于社会科学文献出版社谢寿光社长的支持，以及全球与地区问题出版中心祝得彬主任和责任编辑王晓卿老师高效、认真、细致的工作。中国社会科学院研究生院外事处李阳对所有章节的英文摘要部分进行了精心的翻译和校对，倪麟、李圣刚等参与了总报告部分的资料收集、图表制作以及文稿校对等工作，在此一并向所有支持和参与本报告出版的同志们表示由衷的谢意。

国际政治动荡下的全球能源市场*

　　我和我的团队今年继续推出《世界能源发展报告（2014）》，希望能够以俯瞰全球的视野与战略观，将东北亚、东南亚、中东北非、欧盟、俄罗斯中亚、北美、拉美等重要能源板块的动态演化作为经，同时以石油、天然气、电力等能源种类的"势力"增减作为纬，全面审视世界能源安全——这一与我们每个国家乃至每个人都休戚相关的课题。

　　是的，世界能源博弈或者又面临一次重新洗牌。

　　乌克兰局势有将俄罗斯乃至美国、英国这些西方大国拖入一场很可能会旷日持久的动荡之中的危险。俄罗斯之前在地缘政治中用起来得心应手且屡试不爽的能源王牌，其灵活性和威慑力正明显降低，而不得不进行战略调整，积极向东寻找突破口；一些欧洲国家正努力调整自己的能源供应链结构，其能源供应"脱俄"化倾向已初露端倪，怎奈北美因页岩气革命成功而迅速膨胀的能源救助力量一时还远水解不了

　　* 本文为《世界能源发展报告（2014）》（黄晓勇主编，社会科学文献出版社，2014）的前言。

近渴，因此欧洲更加担忧，原本十分依赖俄罗斯的能源供应链在"脱俄"计划实现之前便可能因局势的进一步恶化而被完全切断；中国、日本、印度等国有关能源的动作在此局势下变得更为引人注目。

这场危机中的欧、美、俄等各方虽然"斗"，但深知"不破"才符合各方利益。因此，包括中、日、韩、印在内的巨大的亚洲能源需求市场，正成为世界各大能源"诸侯"激烈角逐的战场。

另一方面，美国页岩气生产的商业化使能源供应不再完全依赖中东地区的油气，能源独立战略正得以实施。但同时，中东的石油和天然气仍是美国控制世界的"权杖"，美国仍然需要确保中东石油在国际能源市场交易的正常，以维护中东石油对欧洲及东亚的供应，从而确保美国经济在全球经济趋向好转的大环境下得以恢复。而未来北美地区努力成为页岩气出口稳定供应源战略的实现，必将给一直寄希望于以能源出口作为国际关系重要杠杆的俄罗斯带来较大压力。

世界能源版图呈现出的供应源和需求方同时"多极化""多元化"的纷繁复杂的局面，客观上有助于世界能源价格的理性化，从而降低能源进口与消费大国的成本。而美国在中东地区的收缩，客观上为我国拓展与中东国家的能源合作提供了空间。在几方角逐中我们的能源战略会获得更大的发展余地，我国在世界能源市场上的选择将会增加，这些都将在一定程度上提高我国能源博弈的主动权；同时，也使我国与东亚诸国的能源合作呈现更大可能性。

但若包括克里米亚地区危机在内的乌克兰动荡局势长期持续，无疑将会损害中国的利益。中俄之间的能源合作最近因巨额大单的签订而凯歌高奏，但真正落实还有待时日且尚存在大量细节问题亟待解决；中日韩之间的能源合作虽然潜力巨大、范围广泛，但难免会受到双边关系、国际政治因素及"跨太平洋伙伴关系协定"（TPP）之类的谈判严重干扰。

中国能源安全目前和未来都面临严峻的挑战，能源安全问题主要体现在目前我国能源供应与经济发展模式和环境保护之间存在突出矛盾。从国际方面看：第一，中国石油进口源集中于中东、非洲且多为局势动荡地区，而美国未来的外交与地缘政策或许会增加中东局势动乱的可能性，因此中国需要在这些地区投入更多精力；第二，中国石油海路运输途经霍尔木兹海峡和马六甲海峡，因而受到美国及其他一些国家对此多方掣肘的可能性也在增加；第三，美国2014年初确定将于2017年起对日本出口天然气，虽然数量有限，但将对亚太地区的天然气市场产生很大的影响；第四，中国未来在世界温室气体排放谈判中可能面临更加严峻的局面。

从国内来看：我国单位国内生产总值的能耗过高，能源结构中化石燃料比重过高，"高碳"几乎成为我国经济发展模式的标签；"高碳"式的能源消费方式直接造成高污染、高浪费、低效率。2013年严重的雾霾污染涉及范围达160万平方公里，多个省市空气质量达到六级严重污染中的"最高级"。

凡此种种，我们的研究报告希望能够为中国能源战略应对世界能源格局的新变化献策建言。

　　我们认为，一方面，对外应继续积极推动周边外交，借助"一带一路"战略布局构建中国能源重点，进一步深化与包括俄罗斯在内的环里海国家的战略合作关系；通过多种途径努力提高中国在世界能源市场中的地位，同时加强能源金融监管，以减少国际油价波动；还应该在全球范围内协调利益共同体，大力建设互利共赢的、新的世界能源合作机制并强化中国在其中的作用。

　　另一方面，我们应重新审视"能源安全"的实质，摆脱"安全＝加大供应"，即由"粗放的供给满足过快增长的需求"的习惯思维，而转变为"安全＝效率"，即"以科学供给满足合理的需求"的观念。大力倡导节能型经济发展模式，将全面推广节能技术、清洁能源技术作为解决中国经济发展与能源、环境之间矛盾的关键突破性手段。

　　《世界能源发展报告（2014）》付梓之际，谨以此文求教于各位深谙国际能源问题研究精髓以及游刃于能源领域管理和运作的同仁！

　　感谢我的团队中富有活力的诸位学者辛勤而卓有成效的工作，感谢国际清洁能源论坛（澳门）苏树辉理事长和周杰秘书长的大力支持。

低油价下全球能源消费
结构的变局*

在刚刚过去的一年里，世界能源领域可谓跌宕起伏、波诡云谲。乌克兰危机的影响远未结束，俄欧的能源对弈才刚刚开始；美国页岩油气开发又有新进展，但其所能承受的最低市场价格和研发前景仍存在争论；油价下跌给尚未成熟的可再生能源发展带来负面影响，但风电、光伏发电仍保持较为平稳的发展态势，核电在有安全保障前提下也重新成为许多国家应对来自国际社会环境保护压力的重要战略选择；俄罗斯为应对美欧经济制裁积极调整自身能源战略，把东北亚地区尤其是中国作为新的战略支撑点。

2014年下半年以来，国际能源市场一直是国际社会关注的焦点，尤其一路狂跌的石油价格更是引发了新一轮的有关能源发展战略以及石油、天然气等能源资源定价机制的大讨论。总体来看，国际能源市场呈现出供给充足而需求乏力

---

　*　本文为《世界能源发展报告（2015）》（黄晓勇主编，社会科学文献出版社，2015）的前言。

的局面。从能源供给方面看，美国页岩油气正在逐步走向国际市场，沙特阿拉伯等石油输出国组织成员为维持既定市场份额做出拒绝减产举措更助长国际油价下跌趋势，进一步加剧了全球原油供给过剩；同时，各国积极发展新能源和可再生能源，尤其是在电力工业方面，可再生能源已经成为不可或缺的重要来源。从能源需求方面看，世界主要国家经济仍处于低迷状态。根据联合国经济和社会事务部最新发布的《2015年世界经济形势与展望》，预计2015年和2016年世界经济将分别增长3.1%和3.3%，经济的低速增长无疑会使得能源需求增速放缓，不过，从另一方面看，这也给新兴经济体国家乃至发达国家进一步加快自身能源战略调整，走向健康可持续发展提供了更大空间。

2014年6月13日，习近平总书记在中央财经领导小组第六次会议上提出要推进以能源供给、能源需求、能源技术和能源体制为内容的能源革命，以保障能源安全。面对愈发严重的大气污染问题，积极调整以煤炭等化石能源为主的能源消费结构必将成为中国能源革命的重中之重。2014年末，国务院办公厅印发的《能源发展战略行动计划（2014~2020年）》指出：到2020年，一次能源消费总量控制在48亿吨标准煤左右，煤炭消费总量控制在42亿吨左右。非化石能源占一次能源消费比重达到15%，天然气比重达到10%以上，煤炭消费比重控制在62%以内。当前，我国经济存在下行压力，"稳增长"面临挑战，如何在保持经济增长的前提下完成节能减排的目标成为一个难题。高耗能、高排放企业的调整势必会对经济增长带来影响；而同时煤炭企业的改革举步维艰，天然气消费增长快速引起对外依存度不断增加，新能源产业发展政策依然不完善。这些都减缓了我国能源结构调整的步伐。

面对前所未有的机遇与挑战，我国应该在全面深化改革大潮中转变经济发展方式，扎实推进国内能源革命进程。第一，积极推进新能源和可再生能源发展进程，加快煤炭行业改革步伐，加大节能减排力度，通过能源结构改革促进环境改善；第二，以新型城镇化为契机，积极进行更大范围、更深层次的能源消费结构调整，并重点关注交通基础设施建设和产业布局结构优化；第三，加强能源开采和能源利用技术的开发研究，提高能源使用效率，发挥能源技术产业带动作用；第四，加快能源体制改革，尤其是能源定价机制改革，还原能源商品属性，形成有效竞争的市场机构和市场体系。从国际方面看，要抓住能源大国博弈和"一带一路"的历史机遇，全方位加强国际能源合作，在世界能源领域谋求更为有力的话语权，以保障自身能源安全和促成公平有序的国际能源市场。

今年推出的《世界能源发展报告（2015）》继续以俯瞰全球的视野关注世界能源版图的变化，梳理石油、天然气等化石能源以及各种可再生能源的最新发展情况，并从各国政府的能源政策以及市场情况两方面入手分析和预测未来世界能源领域的发展方向，着重提出要加强陆上丝绸之路经济带能源基础设施建设，加快建设东部沿海能源经济带，促进区域能源市场一体化进程。

　　我们始终在路上，一直致力于在纷繁复杂的世界能源大局中为维护能源市场秩序和能源安全贡献我们的才智。衷心感谢陪我们一路走来的各位作者，以及用心聆听我们发声的各位读者。愿通过我们的共同努力不断打造能够紧跟世界能源大势、切实解决现实能源问题的精品之作！

需求低迷背景下国内能源
行业的挑战和机遇*

在刚刚过去的 2015 年，国际经济形势错综复杂，复苏进程缓慢。受全球需求增长乏力等因素影响，世界能源行业也呈现出跌宕起伏的发展局面。2014 年下半年国际油价大幅下挫，2015 年国际油价继续震荡下行。石油输出国组织与俄罗斯等就限产保价展开了多轮会谈，但在目前的国际形势下，显然近期不会有实质性结果。油价目前持续低迷，虽偶有小幅反弹但仍无望在短期内有大幅回升，这令各石油出口国的财政支出和国际支付能力普遍不足。同期，全球天然气价格亦出现大幅下跌，美国天然气价格几乎呈直线式下跌，其中现货价格跌至 1998 年以来的最低水平。油气价格的持续低迷影响了全球经济复苏回升的各个环节，其中也包括以美国页岩气产业为代表的技术与金融等相关领域。

我相信，经济形势的不乐观与油气价格现状二者的叠加

---

* 本文为《世界能源发展报告（2016）》（黄晓勇主编，社会科学文献出版社，2016）的前言。

作用，虽然已经呈现出种种后果但尚未完全显现，全球油气市场供需格局还在继续自发或在各种国际政治、战略因素的交互作用下不断变化、修正。

回顾 2015 年的全球能源市场，似也可以看到一些亮点。虽然面临低油价的不断冲击，但清洁能源和可再生能源基本继续保持良好的发展势头。全球范围内核电发展逐步复苏，公众对核电的信心有所恢复，全球核电装机容量实现小幅增长。2015 年全球风电装机容量同比增长了 17.2%，增速较 2014 年的 16.4% 继续提高。其中，2015 年中国风电装机增量独领风骚，占全球增量的 51.8%。2015 年世界可再生能源发电也稳步增长，其中德国的可再生能源发电量和消费量均创历史新高。2015 年德国约 1/3 的电力消费来自风力、太阳能、水力和生物质能发电，较 2014 年的 27.3% 实现了较大增长。

全球新能源和可再生能源快速的发展和核能的复苏，逐渐呈现出对石油等化石能源形成了一定规模的替代效应。有观点认为，石油作为目前全球最主要的化石能源，其产量已经达到或者接近峰值，全球能源消费和生产结构已经临近重大变革。客观来看，这或许已是一种趋势，但短时期内经济、社会发展依然需要倚重油气能源。能源结构转型是一个不可逆的过程，人类对能源的利用必将随着生产力水平和科技水平的提升而向着清洁化、高密度转型，但转型需要一个由各种促成要素集合、发展的过程。虽然新能源发展增速较快，在能源总供给增量中已占据较大比重，但在总供给和总消费中的占比仍然有限。能源供给结构处于不断调整的进程之中，但是否、何时出现颠覆式的变革，不仅取决于资源禀赋、能源的相对价格和能源投资，更取决于能源技术的革命，同时在等待一个契机。

当前，以智能电网、储能设备等为核心的能源互联网技术与设备的研发，正成为世界各国在电力和能源领域角逐的重要领域之一。2015 年 9 月，中国国家主席习近平在纽约联合国总部出席联合国发展峰会时发表了题为《谋共同永续发展　做合作共赢伙伴》的重要讲话，他表示，中国倡议探讨构建全球能源互联网，推动以清洁和绿色方式满足全球电力需求。

在全球能源市场动荡的大格局下，2015 年我国能源市场亦有喜有忧。其中在新能源利用方面取得了举世瞩目的成就，启动了电力和天然气等多个领域的体制改革。2015 年，中共中央国务院出台了《关于进一步深化电力体制改革的若干意见》，提出新一轮电力体制改革的重点在于建立"管住中间、放开两头"的体制构架，一方面对输配电网环节加强政府监管、实行政府定价，确保电网的安全、稳定；另一方面，在发电侧和售电侧引入竞争，放开用户选择权，价格由市场形成，逐步实现电力市场的公平开放。此轮改革意在打破电网企业对发电侧和售电侧的双重垄断，以实现进一步提升电力行业的效率和我国产业的竞争力的总体目标。当然，能否全面实现改革所希望的目标与实际效果，尚需拭目以待。

同时，我国能源行业也暴露出一些隐忧。首先，受国际油气价格下跌影响，包括"三桶油"在内的主要油气企业利润大幅下降。其中，2015年中石油净利润355亿元，同比大幅下降67%。受国内煤炭行业产能严重过剩和价格持续低迷影响，全行业亏损面超过80%。其次，电力投资过热导致的电力过剩局面进一步凸显。我国发电装机容量连续三年大幅增长，而发电设备平均利用小时数逐年下降。2015年，全国6000千瓦及以上电厂发电设备累计平均利用小时为3969小时，同比减少349小时。此外，当前弃风、弃光、弃水现象日益恶化。2015年国家电网调度范围内累计弃光电量46.5亿千瓦时，弃光率达12.62%。其中，甘肃弃光率高达30.7%，新疆达22%。

国际能源格局的风云变幻，对于国内能源行业是挑战也是机遇。我国能源行业一要以供给侧结构性改革为重点，加快能源革命进程，积极稳妥化解煤炭、发电等行业的过剩产能，优化产业布局，着力提升电网调峰能力，化解弃风、弃光、弃水等现象；二要以创新为引领，增强能源革命的驱动力，加快第三代核电等成熟技术的产业化，增强传统装备核心竞争力，培育壮大战略性新兴产业，重点推进电力体制改革和油气体制改革；三要以扩大有效需求为抓手，提供更加清洁、便捷、智能化的能源服务，大力推进用能方式变革，鼓励发展新型能源消费业态；四要大力推进能源领域国际合作，利用当前国际油气供给过剩、地缘政治格局调整以及我国推进"一带一路"建设的契机，大力推动我国与油气出口国的合作，进一步促进我国与俄罗斯、中亚等国家和地区的油气开发、贸易合作以及管道建设。

当然，以上四点都应该以摒弃局部或小众利益，以国家能源安全战略的宏观目标作为重要的出发点，以加大对技术研发的长期投入、真正促进技术创新为保障，总之，我们要继续推动能源消费、能源供给、能源技术和能源体制四方面的"革命"。同时，要进一步推动全方位的国际合作，以实现适应经济全球化发展条件下的中国能源安全。

《世界能源发展报告（2016）》付梓之际，谨以此文求教于各位深谙能源问题精髓以及在能源管理和运作等领域里游刃有余的同仁！

感谢我的团队中富有活力和才华的专家学者们，他们辛勤而卓有成效的工作使这部报告如期与读者见面了。我也很希望能更多倾听各位读者的建议，继续努力将本报告打造成观察全球能源行业动态和趋势的精品之作。

当下全球能源格局的特点及走向*

基辛格曾说过："如果你控制了石油，你就控制住了所有国家；如果你控制了粮食，你就控制住了所有的人；如果你控制了货币，你就控制住了整个世界。"仅在此论断被做出的半个世纪后，国际政治经济格局经历了沧桑巨变。尤其是人类进入21世纪以来，地缘政治事件频发，金融海啸梦魇难去，而国际能源价格却如坐过山车般忽上忽下。这是否表明基辛格博士的论断以及原有的全球能源格局正在发生深刻的变化，是否预示着新的能源格局正逐渐形成？

总体来看，当下全球能源格局呈现出以下三个特点。

首先，供需关系和定价机制的深刻变革导致能源价格持续低迷。

20世纪90年代，石油、煤炭等主要能源品种的价格在全球性经济泡沫的伴随下，也经历了爆发式的涨价浪潮：国际原油价格曾飙升至150美元/桶，国内煤炭价格也一度达

---

　　* 本文改写自黄晓勇教授2016年6月30日在第五届全球能源安全智库论坛暨《世界能源发展报告（2016）》发布会上的发言。

到 1000 元 / 吨。时至今日，布伦特原油价格已跌至约 50 美元 / 桶，国内动力煤价格也仅为约 400 元 / 吨。

在这如过山车运动轨迹般的能源价格波动背后，是全球能源供需关系和定价机制正在发生的深刻变革。

从供需关系看，"供给西进"和"需求东移"是当今全球能源格局的主要变化趋势。在供给端，一时间以美国为代表的非常规油气产地大有替代中东、俄罗斯等传统油气产地之势。对页岩油气、油砂、重油等进行开发的新技术的大规模应用，使这种趋势几近成为现实。在需求端，美欧发达国家的工业化进程已经逐步走出了依靠能源消耗换取各项发展的阶段，对能源的新增需求在极大程度上被能源使用效率的提升覆盖，因此其能源消费增势已经显著趋缓。与此同时，中国、印度等新兴市场国家对于能源的渴求正与日俱增。根据英国石油公司发布的《世界能源展望 2016》，几乎所有的新增能源都被新兴经济体消费。新兴市场作为需求方，在全球能源市场中正扮演着越来越重要的角色。

从定价机制看，石油输出国组织（OPEC）和国际能源署（IEA）在数十年时间内建立起的定价主导权，在数年内即被页岩油气开发等新技术带来的能源大量增产所瓦解，"去产能、去库存"只能寄希望于"冻产"等非常规手段。然而事与愿违，各能源生产国之间的禀赋差异使"冻产"反而变成新一轮产能竞赛的导火索，当今的原油库存较前几年已有大幅提高。在全球能源需求温和放大的背景下，预计国际能源价格很可能将长期保持底部宽幅震荡的走势。

其次，需求导向使全球能源结构发生根本性变革。

在当今的世界能源结构中，石油、煤炭和天然气牢牢占据前三名位置。但在未来，随着能源需求的不断变化，全球主要能源结构也将发生重大调整，其总体趋势可以概括为低碳化和可再生化。

2000 年到 2014 年，中国的煤炭需求年均增长率为 8%。时至今日，中国已成为全球最大的煤炭需求国。但是，随着减少碳排放意识的日益增强，煤炭将逐渐被天然气等更加清洁的能源替代。据相关研究，在产生同等热量的情况下，天然气所产生的二氧化碳排放仅相当于煤炭的 40%。同时，页岩气在全球的大规模推广也令天然气价格有较大程度的降低。因此无论从经济角度还是可持续发展角度考虑，天然气等清洁能源将逐步替代煤炭等高污染能源。

尽管我们对水电、风电、光伏发电、核电等可再生能源已经不再陌生，但它们的使用规模与石油等化石能源相比还是不可同日而语。一方面，这是因为其前期的建造成本较为高昂：可再生能源设施建设周期长、先期造价高、回收周期长，在融资上较难得到各类金融机构的支持，这限制了可再生能源的使用规模。另一方面，新技术的成熟程度较低，核电安全问题、风电、光伏发电并网问题等问题仍然存在。在推出在技术层面更成熟的方案之前，如果石油、煤炭等化石能源的价格一直保持低位，则可再生能源的应用规模将会受到严重限制。但从长期来看，随着技术的突破及升级，可再生能源替代一次能源仅仅是时间问题。这一趋势的发展，完全可能比我们预计的还要更快一些。

最后，能源产品的金融属性日益凸显。

作为重要的大宗商品，石油等能源产品在动荡的全球经济形势下正体现出越来越强烈的金融属性。能源商品具有天然的避险特性，尤其是 21 世纪以来，石油走势一直与美元走势呈现出较强的负相关关系。投资者早已将商品期货作为对冲美元风险的重要手段。

在一定程度上，增强的金融属性对能源产品的价格发现起到了积极作用。但我们不应忽视的是，金融市场无疑放大了能源产品的价格波幅，弱化了能源价格与基本供需的关系，这在无形中推动了投机并扩大了风险。

综上所述，这些新的变化将逐渐形成燎原之势，在它们的影响下未来全球能源格局的走向或将呈现出以下三个趋势。

第一，全球能源供给逐步呈现出扁平化、离散化的发展趋势。

在过去几十年，全球能源一直被少数国家的少数寡头企业垄断。其他国家要么接受现实大量进口能源，要么努力成为寡头中的一员。

以页岩油气开采、光伏发电为代表的新能源技术终结了这一局面。对新技术而言，"分布式"取代了"集中式"，"矩阵式"取代了"单点式"。从事能源开发利用的企业越来越轻量化。单个企业设立的目标可能仅能满足附近区域的能源需求。大规模的集中开发、调配依然存在，但其重要性将逐步减弱。

随着能源企业的轻量化、区域化，全球能源供给格局的多极化趋势将进一步发展，并逐步呈现出扁平化、离散化的特点。由此带来的定价机制、国际能源协作等方面的变革，必将十分显著。

第二，全球能源格局变迁，将对全球政治格局产生深远影响。

在"供给西进"和"需求东移"的大背景下，美欧国家在供给侧的话语权显著增强，中国、印度等亚洲国家在需求侧的话语权也显著增强。因此，当前全球围绕中东和东欧国家产生的一系列冲突将变得不合时宜。美国将进一步摆脱对中东地区石油的依赖，该区域对于美国的战略重要性已显著下降。但对新兴国家而言，中东地区的供给优势可能成为其与西方进行谈判的重要筹码，中东地区的战略意义反而增强。但新兴市场国家当前普遍未介入该区域的地区事务，未来如何介入、区域进程将如何演化、主导力量与平衡如何实现等，都将是十分值得关注的问题。

第三，能源价格低迷将对全球金融市场产生深远影响。

能源产品的大宗商品属性和金融属性使得其对全球经济波动起重要的传导作用。在价格下跌之初，多数经济学者预测，下跌虽然会损害能源输出国的投资和就业，但同时也将增加能源加进口国的民众收入并从而扩大消费，这样，通过国际贸易途径，油价下跌的负面影响将被抵消。但事实上，油价下跌对消费的刺激作用被理想化了。从美联储公布的情况看，其实际效果远不及预期。

更棘手的是，能源价格下跌所带来的通缩风险正随着新兴市场风险的加剧而逐步加强，并借助能源产品极高的流动性向全球扩散。一条可能的传染路径为：某些能源输出国（如委内瑞拉）受价格拖累发生债务危机，其避险情绪将引发周边国家外汇市场动荡和资本外流，从而进一步加剧债务危机，最终导致严重的区域甚至全球经济风险。最近英国的脱欧进程，无疑也是值得严密关注的、对地缘政治与全球金融市场造成深刻影响的重大事件。

第四篇

能源·环境篇

——能源背后的环保困境

环保合作是促进中日关系正常发展的好契机*

我们总是说，真理面前人人平等，但更加显而易见的是，面对这样的空气，人人平等，不分国籍，不论身份。环境保护涉及的是最普惠的民生。

在过去30多年的经济高速增长中，中国对环境保护的重视程度不够，这导致中国的环境承载能力已经接近或者达到极限，特别是大气污染和水污染等问题已经引起了政府和民众的高度关注。中国政府已承诺，中国将在2030年前后达到碳排放峰值，并将努力早日达峰。

作为一名长期关注中日关系和世界能源问题的研究人员，我今天很高兴有这样的机会，来谈一谈我对中日两国在环境保护领域开展合作的几点理解。

首先，中日两国在节能环保技术和产业合作方面互补性很强，双方合作前景广阔。

---

* 本文改写自黄晓勇教授 2015 年 10 月 24 日在第十一届北京－东京论坛上的发言。

现在已经形成一种通识：中国拥有庞大的节能环保市场，而日本在节能环保技术和研发方面居世界先进水平，并且在环保产业培育、高端节能环保技术研发方面取得了令人敬佩的业绩。两国可以分享技术成果，鼓励双方企业和科研机构合作开展技术研发，把中国的市场优势与日本的先进技术结合起来，实现双赢甚至多赢。

中国解决环境问题，一方面要加强环境保护，另一方面应进行能源消费革命，而目前新能源、节能、净化、电动汽车等领域的先进技术，基本上都掌握在日本手中。中日在环保技术和清洁能源利用方面加强合作，将有助于中国实现节能减排和环境保护的目标。

与此同时，中国庞大的节能环保市场将为日本企业提供巨大商机。有测算显示，"十三五"期间，中国节能环保产业的投资将高达 17 万亿元，这将为日本相关企业提供诸多机遇，甚至为日本经济发展提供新的增长点。

中日两国产业界在节能环保的管理模式、生产流程等方面，包括在工业、建筑、交通、公共机构等重点领域的节能，提高能源资源利用效率，促进企业提高能效，发展循环经济等问题上，可以开展更加具体的合作。我们看到，中日在环保领域的合作已经有了不错的开端。2011 年中日两国政府共同签署了《关于推动生态城市建设合作的谅解备忘录》，决定在山东东营和浙江温州各建一座中日生态城。日方企业计划利用五至十年时间与中方企业共同开发建设生态环保城市，将日本节能、水及污水循环利用系统等先进技术应用到中国城市的住宅区、交通设施等，总投入约为 10 万亿日元（约合人民币 8000 亿元）。

另外一个例子，近年，中国进出口银行、日本瑞穗实业银行与日本国际协力银行等多家中日企业共同发起设立了中日节能环保投资基金，基金首期规模为 10 亿元人民币，主要用于投资中国境内的节能环保产业，其投资领域包括环境保护、节能、智能电网、清洁能源、绿色材料等。从以上两项合作中可以看出，中日两国的政府和企业都已经意识到，双方在节能环保技术和产业领域具有良好的合作前景。

同时，我们还应该注意到，中国已经在光伏和风力发电等方面超越了日本，同时，在煤炭脱硫设备方面，中国自主研发的技术得到了大范围普及。而日本曾经在这些领域处于世界领先地位。为什么日本的技术、日本企业并未在中国如此强大的市场需求下占得先机呢？日本环保产业相关企业不仅要重视高端技术的研发，还应该思考如何让其技术优势更加适应市场的实际需求，只有这样才能进一步加大与中国合作的深度和广度而不是错失商机。

其次，中日两国在环境领域的制度建设层面的合作，也应该得到提升。

日本在环境立法、环境政策等方面也居于世界领先地位。加强两国政府间的政策对话，以及就节能环保发展模式和政策经验进行交流，也是中日两国节能环保领域合作的重要内容。

一方面中国应该加大对日本环保产业政策的研究。我们看到，目前日本政府已经引入碳排放交易等价格机制，并且已经实施了能效"领跑者"制度、节能合同管理制度、绿色信贷制度等。这些政府导向性的市场化运行机制，可以对企业的节能减排行为形成正向激励，并让更多的生产要素向节能环保产业和低碳产业聚集，使企业节能减排、绿色发展的动力与政府的政策目标一致。这些制度与单纯依靠行政力量进行管理相比，不仅政府执法成本更低，而且企业可以用最低成本实现节能环保目标，这将大大提升全社会节能减排的效率。

另一方面，我们还应该加强对中日在立法思维和执法理念方面的异同的比较研究。中国近年来在立法工作上做出了很多努力，当前涉及环境、资源的法律法规达30多部，与日本在环境领域颁布的法律数量大致相当。但在执法方面还存在很多值得研究探讨的问题，比如中央政策制度在地方的落地、中央与地方之间执法的一致性、以国内生产总值为主的地方政绩评价体系与环保之间的平衡、环境问题的事先预防与事后整治之间的选择等。在这些方面日本的经验教训值得我们借鉴。

再次，我们应该在立足整个区域和全球的基础上审视中日环境合作。

以前有位日本长野县的朋友曾开玩笑说，新年之后只要向西南方向看去，看到天际变黄了，就知道春天来了。

在东北亚的地理环境中，无论是沙尘、PM2.5，还是自然灾害诱发的诸如核泄漏等造成的海洋污染等，在处理这些由产业活动引起的环境问题时，都不能简单地把任意国家归结为因或归结为果，因为一旦问题产生，大家都是受害者。

环境问题的预防和治理，已经不是单个国家需要处理的问题，而是区域性乃至全球性的课题。

因此，中日两国以及包括韩国等在内的其他国家加强环保领域的交流和合作，不仅对培育新的经济增长点、应对气候变化具有重要意义，还有利于中国、日本以及相关国家的经济发展和社会稳定，更可能造福整个东亚及全球民众。

最后，加强中日两国在环境保护技术、产业和政策方面的合作，是促进中日关系正常发展的良好契机。

在当前中日双边关系不尽如人意的情况下，切切实实地做一些有益于两国和两国人民的事情，是政治家、学者和产业界人士可以为之共同努力的目标。

进一步加强中日两国以及区域内多国在环境保护研究方面的合作，同时建立共同研究机制和有效的积极的沟通机制，不仅是改善区域性环境问题的需要，还是改善两国关系的契机，是区域内各国建立互相信任的长期关系的机会。

对于改善中日关系、加强中日两国环保合作，我想，应该遵循古人"不以恶小而为之，不以善小而不为"的教诲。

衷心希望中日两国节能环保合作取得更大成就！

《巴黎协议》重塑全球气候治理[*]

当地时间 12 月 12 日晚，气候变化巴黎大会通过《巴黎协议》。协议对 2020 年后的全球减排做出了安排。这是历史上第一份覆盖近 200 个国家的全球减排协议。无论从达成协议本身来看，还是从达成协议后各方的反馈来看，这次大会基本达到了预期目的。尽管协议存在一定不足，但这毕竟是首份基本覆盖全球的具有约束力的减排协议，在国际社会应对气候变化的过程中，其重要的历史意义不容否定。

一　全球气候治理结束"无政府状态"

《巴黎协议》对改善全球气候和能源治理具有十分积极的作用。在 2009 年哥本哈根世界气候大会上，由于各方争执不下，谈判陷入僵局，全球气候治理陷入了某种"无政府状态"。

＊　本文原载于《中国经济周刊》2015 年第 49 期。

此次《巴黎协议》提出：所有国家都要对减排和资金情况进行汇报；各国要定期提供温室气体清单报告等信息；所有国家都应遵循衡量、报告和核实的同一体系，但发展中国家可根据其能力做出灵活安排；除了最穷、最小的国家外，各国必须每两年汇报一次；对各国提供的资金和减排情况，会有第三方的技术专家审评；督促发达国家在2020年前每年提供1000亿美元，同时鼓励其他国家在自愿原则下提供这种资助。

这些具体规定的制定有利于推动各国减排和全球气候治理的透明化，并能大大增强各国和各地区在气候问题上的协调与合作。如果未来这些透明化措施能够被执行，全球气候治理机制将更趋完善。但是，这些纸面上的协议能否完全落实，这个问题仍具有一定的不确定性。比如，此前发达国家曾经承诺在2020年前，每年为发展中国家提供1000亿美元的资金，这一承诺还未被履行。要真正落实《巴黎协议》、完善全球气候治理体系，还需各方以各尽所能、合作共赢的态度战胜功利主义、"零和博弈"的狭隘思维，以实际行动落实雄心勃勃的目标。

《巴黎协议》提出的减排目标和机制，对推动能源转型意义重大。化石能源消费是大气污染物的主要来源，特别是二氧化碳的主要来源，而二氧化碳占全球温室气体排放量约70%的比重。因此，要完成减排目标，势必要在节能和优化能源结构两个方面做文章。以北京的大气污染为例，国家气候变化专家委员会专家在"2015北京能源论坛"上透露，在北京的空气中，2/3的PM2.5和3/4的温室气体来自化石燃料。化石能源的生产、运输等同样对土壤、水和大气造成了污染。

经济发展的目标在于让人们享受更自由、更富足的幸福生活，以牺牲环境和人们的健康为代价换来的高速增长绝不是理想的结果。为了提升经济增长的质量和人们生活的品质，必须尽快从煤炭时代进入油气时代，进入传统能源和新能源相结合的能源清洁利用时代。

二　可再生能源短期内难以撼动化石能源的主导地位

《巴黎协议》将推动节能产业的发展和能源结构的转型，全球能源结构必将更加清洁低碳。在《巴黎协议》达成后，绿色和平组织全球总干事库米·奈都表示，《巴黎协议》要求全球温室气体排放尽快达到峰值，并在 21 世纪下半叶实现温室气体净零排放，这意味着化石能源的历史最早可能在 21 世纪终结。

气候变化巴黎大会达成的协议，无疑会进一步加快清洁能源替代传统化石能源的进程。但是，这并不意味着在此次大会后，全球能源消费会立刻进入清洁能源时代，能源结构转型仍然需要一段较长时间才能实现。

英国石油公司的统计显示，在 2014 年全球能源消费增长放缓的背景下，可再生能源成为全球增长最快的能源形式，其增量占一次能源使用增量的 1/3，它满足了世界能源需求的 3%，而 10 年前这一数字仅为 0.9%。2014 年全球来

自能源使用排放的二氧化碳排放量只增长了 0.5%，这一增速
跌至 1998 年亚洲金融危机以来的最低点。

　　尽管可再生能源消费量的增长较为迅猛，但由于其往往
存在的分散性、间歇性等，可再生能源发电的大规模接入电
网增加了电网维持安全稳定运行的技术难度。可再生能源的
大规模接入还有待微型电网、储能技术、智能用电管理等技
术的成熟。同时，近年来煤炭、石油价格的大幅回落，也使
得等热值的可再生能源相对价格较高，这使得其经济性难以
显现。由于全球能源消费增速已大幅放缓，可再生能源即使
在增量中占有较大比重，在短期内还是难以撼动化石能源的
主导地位。

　　人类的能源消费大致经历了薪柴时代、煤炭时代和石油
时代，总体的趋势是能源消费越来越低碳、能源密度越来越
大。从短期来看，由于天然气是相对清洁的化石能源，它日
益受到各国重视。同时，页岩气革命以及海上天然气的开发
也为各国扩大天然气利用创造了条件。作为仅次于石油和煤
炭的第三大能源消费品种，天然气消费的比重未来还会持续
上升，人类会进入一个油气并重的时代。从长远来看，随着
新能源技术的发展和环境约束的增强，风能、太阳能、生物
燃料等可再生能源和核能或将在能源消费中占主导地位。

三　《巴黎协议》对中国影响几何

　　至于协议对中国经济增长的影响，我认为，从短期和中

长期看它都不会对中国的经济增速产生显著冲击。2015 年 6 月 30 日，我国政府向《联合国气候变化框架公约》秘书处提交了中国应对气候变化国家自主贡献文件，确定了 2030 年的自主行动目标，即二氧化碳排放在 2030 年前后达到峰值并争取尽早达峰，单位国内生产总值二氧化碳排放比 2005 年下降 60%~65%，非化石能源占一次能源消费比重达 20% 左右，森林蓄积量比 2005 年增加 45 亿立方米左右。

尽管我国提出了较高的自主减排目标，但只要通过努力，我国是有实现上述目标的基础和条件的。随着产业政策的推动以及经济技术的发展，我国经济发展进入工业化中后期，这对减排形成了有利条件。2013 年，我国服务业在三大产业结构中占比首次超过制造业。今年前三个季度，我国服务业的增加值占国内生产总值的比重已达到 51.4%，超过了经济总量的一半。产业结构优化有助于单位国内生产总值二氧化碳排放的降低。而规模效应和技术效应的发挥，特别是节能技术和新能源行业的发展，也有助于减排。目前中国可再生能源装机容量已占全球总量的 24%，新增装机占全球增量的 42%。中国在节能和利用新能源、可再生能源方面是世界第一大国。

目前，我国已进入工业化中后期，能源消费的弹性系数正显著下降。2014 年，我国单位国内生产总值能耗同比下降 4.8%，创"十二五"时期内的最好成绩。随着技术进步和产业结构升级，我国的能耗和排放强度将进一步下降。一般来说，当一个国家的经济处于较低发展水平时，其国内环境污染的程度也较轻，但是随着人均收入的增加，环境污染程度将由低趋高。当经济发展到某个临界点或"拐点"后，随着人均收入进一步增加，受产业结构调整和环境规制加强等影响，环境污染程度又由高趋低，环境质量将逐渐得到改善。污染排放与经济增长之间就构成了一个先上升后下降的"倒U形"曲线，这个曲线被称为"环境库兹涅茨曲线"。一般认为，当一国人均国内生产总值达到一万美元时，该国就处于"倒U形"的拐点。去年我国人均国内生产总值已经接近一万美元的水平，这意味着我国污染排放将逐渐接近"倒U形"的拐点。

由于我国环境承载能力已经接近或达到极限，近年来，我国提高了环保标准，加强了环保执法环境，开展了碳排放交易。环境规制的加强对我国的钢铁、有色金属、煤电等重化工业会产生一定冲击，但也给我国产业转型升级和经济结构调整带来契机。从总体来看，我国有条件实现经济与环境的协调发展，因此我们不必过度担心《巴黎协议》会对短期或中长期经济增长产生显著影响。

中国有望迎来环境库兹涅茨曲线拐点*

11 月 30 日，备受关注的气候变化巴黎大会正式开幕。在这次大会上，国际社会将对 2020 年后全球对气候变化的应对做出安排。中国国家主席习近平亲自与会并发表重要讲话，这充分彰显了中国参与全球减排、积极应对气候变化的责任和担当。

近年来，通过调整产业结构、节能与提高能效、优化能源结构和增加森林碳汇等，中国在应对气候变化方面取得了显著成效。日前举行的国新办发布会披露，2014 年全国单位国内生产总值二氧化碳排放同比下降了 6.1%，比 2010 年累计下降了 15.8%。截至目前，"十二五"规划要求的下降 17% 的目标已经提前完成。

对于未来的减排义务，今年 6 月 30 日，中国政府向《联合国气候变化框架公约》秘书处提交了中国应对气候变化国

* 本文原载于人民网环保频道，2015 年 12 月 1 日。

家自主贡献文件，确定了到 2030 年的自主行动目标：二氧化碳排放在 2030 年前后达到峰值并争取尽早达峰，单位国内生产总值二氧化碳排放比 2005 年下降 60%~65%，非化石能源占一次能源消费的比重达 20% 左右，森林蓄积量比 2005 年增加 45 亿立方米左右。

无论是过去几年的减排成就，还是对未来减排的承诺，都体现了中国作为负责任大国的姿态。近年来，中国积极推动产业结构调整，实行严格的环境规制政策，为自主减排目标的实现付出了巨大努力。

随着产业政策的推动和经济技术的发展，我国经济发展进入工业化中后期，这对节能减排形成了有利条件。2013 年，我国服务业在三次产业结构中占比首次超过制造业。今年前三个季度，我国服务业的增加值占国内生产总值的比重已达到 51.4%，超过了经济总量的一半。产业结构的优化有助于单位国内生产总值能耗和排放的显著降低。而规模效应和技术效应的发挥，特别是节能技术和新能源行业的发展，也推动了减排。目前中国可再生能源装机容量占全球总量的 24%，新增装机占全球增量的 42%。中国在节能和利用新能源、可再生能源方面是世界第一大国。

严格的环境政策规制将污染排放的外部成本内部化，这大大推动了市场主体减少排放。从 2015 年起我国开始实施史上最严环保法，对违法企业可实行按日连续计罚，旨在扭转"违法成本低、守法成本高"的困境。十八届五中全会将绿色发展作为发展的五大指导理念之一；大会同时明确提出，今后将实行环保部门省以下垂直管理，这将减少地方政府对环境执法的不当干预。环保执法的"牙齿"无疑将更加锋利。

更加值得关注的是，近年来我国正不断推出和完善市场化的减排机制。碳排放交易已在全国七省市设立试点，全国碳排放交易体系将于 2017 年启动。节能合同管理模式等新的节能商业模式将在各地推广。近日，高耗能行业能效"领跑者"制度在电解铝、乙烯等行业落地。这些市场化减排机制的推行，无疑能更好地调动企业减排的积极性，并以更低的成本实现减排目标。

从能耗和排放的强度来看，一个经济体在工业化前期，其能耗的弹性系数会大于 1，也就是能耗增幅会高于经济增速。在 2008 年以前，我国在总体上处于这一阶段。而进入工业化中后期后，能耗的弹性系数会小于 1，也就是能耗增幅会低于经济增速。近年，我国单位国内生产总值能耗下降的趋势已经越来越明显。2014 年，我国单位国内生产总值能耗同比下降 4.8%，降幅比 2013 年的 3.7% 扩大 1.1 个百分点，创"十二五"时期内的最好成绩。随着技术进步和产业结构的转型升级，我国的能耗和排放强度正将进一步下降。

从排放的总量来看，经济学里有一个环境库兹涅茨曲线。也就是说，当一个国家的经济处于较低发展水平时，其国内环境污染的程度较轻，但是随着人均收入的增加，环境污染程度将由低趋高；当经济发展到某个临界点或"拐点"后，随着人均收入进一步增加，受产业结构调整和环境规制加强等影响，环境污染程度又将由高趋低，环境质量将逐渐得到改善，污染排放与经济增长之间就构成了一个先上升后下降的"倒 U 形"曲线，即环境库兹涅茨曲线。一般认为，当一国人均国内生产总值达到一万美元时，该国就处于"倒 U 形"的拐点。而去年我国国内生产总值总量达到 10.35 万亿美元，人均国内生产总值已经接近一万美元水平。我国排放总量将有望在 2030 年甚至更早接近峰值并迎来拐点。

　　总之，尽管当前中国的环境问题仍然不容乐观，降低排放、治理污染仍可谓任重道远，但是中国政府正在以其有效的产业政策和严格的环境政策积极应对全球气候变化、参与全球环境治理。中国所做的努力不应被世界所忽视，中国对未来的减排承诺也不会落空。

环保"领跑者"制度起步，
奖励约束并举*

　　7月2日，财政部、国家发改委等四部门联合印发《环保"领跑者"制度实施方案》（下称《方案》）。我国将制定环保"领跑者"指标，发布环保"领跑者"名单，并对环保"领跑者"给予适当政策激励，通过制度进一步倡导绿色生产和绿色消费。该《方案》的发布标志着期待已久的环保"领跑者"制度在我国起步。"领跑者"制度是什么？我国建立这一制度还需要做哪些完善、配套？

　　环保"领跑者"指在同类可比范围内，环境保护和治理环境污染取得最高成绩和最好效果的产品。实施这一制度对激发市场主体节能减排内生动力、促进环境绩效持续改善、加快生态文明制度体系建设具有重要意义。

　　环保"领跑者"制度起源于日本，并广为其他国家借鉴和推广。1998年，日本政府为抑制民生和运输等部门能源

　　* 本文原载于《中国海洋石油报》2015年7月24日第1版。

消费增长，大幅修改了《关于能源使用合理化法律》（也称《节能法》），在本法第78条针对能源消费较多的制造业设置了节能标准值，即"领跑者"制度。

目前，日本"领跑者"制度的对象商品已从最初的11种扩大到了29种，并利用"能效标识"展示了"领跑者"标准的完成情况。日本"领跑者"制度将目前市场上最高能效定为目标值，要求在目标年内相关产品达到这一最高能效标准。当目标年达到新的能效水平时，再以新的能效水平作为未来的能效目标值。这一制度的实施大大提升了日本企业对节能技术的开发热情。

环保"领跑者"制度在我国刚刚起步，国内消费者的节能意识等尚未完全形成，相关节能法规对企业的约束力也有限。在目前这种大环境下，首先要尽快明确"领跑者"的对象产品，针对不同产品制定政府奖励的内容及标准，避免因政策激励不到位导致执行效果欠佳。其次，仅从目前来看，这一制度以政府的奖励、支持来推进的做法是可行的；但从长远看，还应加强对环保"后进者"的约束，在某些重污染领域，要以"领跑者"为节能环保标杆，不允许在一定期限内达不到相应环保标准的企业继续组织生产，从而加速对技术落后的企业的淘汰。只有奖励和约束并举，才能更好地发挥环保"领跑者"制度的作用。此外，还要提高消费者的节能意识，扩大节能产品的消费市场。

《方案》提出，环保"领跑者"的遴选发布工作以及标志的征集设计均委托给第三方机构。可见，第三方机构肩负着"领跑者"产品选择及标准制定的任务，它们是这一制度得以有效实施的基础，因此，第三方评估机构必须是独立、权威、有公信力、能够获得社会认可并接受社会监督的。此外，"领跑者"标志应该体现"领跑者"标准完成情况并且与能效标识相结合，这将更有利于"领跑者"制度的推广与普及，也便于消费者对企业的监督与约束。

《方案》同时要求建立并完善环保"领跑者"指标以及现有环保标准的动态更新机制。要根据行业环保状况、清洁生产技术发展、市场环保水平变化等情况，建立环保"领跑者"指标的动态更新机制，不断提高环保"领跑者"指标要求。应该说，动态更新机制的建立，可以促使企业在节能环保方面形成"你追我赶"的竞争局面，对相关技术的进步将起到很大激励作用。

总之，《方案》的发布是节能领域的一大制度进步，但为了推进方案的有效执行，还应尽快出台配套政策，确定第三方机构，明确"领跑者"产品、"领跑者"标准等待定事项，不断完善相关的奖励与约束机制。

借低油价之机把油品质量提上去[*]

2016 年 1 月 13 日，国家发改委发布通知，决定进一步完善成品油价格机制，对成品油价格机制设置调控上下限。调控上限为每桶 130 美元，下限为每桶 40 美元，即当国际市场油价高于每桶 130 美元时，汽、柴油最高零售价格不提或少提，当国际油价低于 40 美元时，汽、柴油最高零售价不降低。同时还决定建立油价调控风险准备金，当国际市场油价低于调控下限时，国内成品油价格未调金额将被全部纳入风险准备金，主要用于促进节能减排、提升油品质量、保障石油供应安全等。

此次成品油定价机制的完善是一个具有明显积极意义的改革。从短期来看，由于石油消费的价格弹性系数不大，只暂停下调成品油价格对抑制石油消费和促进节能收效甚微。但是，在此次改革后，只要国际油价低于下限，未调金额将

---

* 本文原载于人民网能源频道，2016 年 1 月 14 日。

被全部纳入风险准备金，并主要用于节能减排和提升油品质量等，这对提升油品质量、促进节能减排将产生立竿见影的效果。

提升油品质量对改善大气环境意义重大。北京市环保局2014年发布的PM2.5源解析数据显示，机动车排放占本地PM2.5来源的31.1%。在天津本地污染中，机动车排放占比也达30%。机动车除直接排放PM2.5外，其排放的氮氧化物和挥发性有机物还会被二次转化为PM2.5颗粒物。

保有量占比不足机动车总量4%的柴油车更是机动车燃油排放的"罪魁祸首"。研究显示，一辆排放不达标的柴油大货车的排放相当于四五百辆汽油小客车的排放。即使是一辆达标的国Ⅳ柴油车，其排放也相当于90辆小客车的排放。一些检查还显示，大货车使用油品不达标这一现象较为普遍。据统计，北京夜间行驶的大货车排放的氮氧化物和一次颗粒分别约占机动车排放总量的50%和90%，这就是凌晨路上行驶的机动车很少，但PM2.5的浓度反而常常比白天还要高的一个重要原因。

总体来说，当前我国燃油质量升级进度偏慢，与发达国家相比仍有较大差距。数据显示，目前美国推行的燃油含硫量是 <30ppm（ppm即百万分率），日本的燃油含硫量为<10ppm，欧盟的燃油含硫量也为 <10ppm。但是，我国大部分地区还在使用国Ⅳ燃油，其含硫量为 <50ppm，是美国的1.6倍、日本和欧盟的5倍。

2014年6月以来，国际油价持续下跌，而且市场普遍预测油价还将继续低位徘徊。油价低迷一方面可能造成石油的粗放消费，另一方面可能挤压燃油的清洁替代能源发展，部分地方的机动车"油改气"就遭遇了低油价的阻击。这给我国发展绿色经济和加强环境保护带来了一定挑战。

但是，低油价也为我国成品油质量升级提供了良好契机。油品质量的提升，无疑会提高其成本和价格。在油价较低的背景下，消费者对燃油的价格承受能力提高，国家应顺势而为大力推动油品质量提升，让低油价因素抵充消费者因油品升级而负担的溢出成本；而且，随着环保意识的提升，人们或许更愿意接受政府有关部门做出的因切实提高燃油品质而放弃下调油品价格的解释。

2015年4月28日国务院常务会议确定，加快清洁油品生产供应，力争提前完成成品油质量升级任务：一是把从2016年1月起供应国 V 标准车用汽柴油的区域，从京津冀、长三角、珠三角等区域内的重点城市，扩大到整个东部地区的11个省市全境；二是把全国供应国 V 标准车用汽柴油的时间，由原定的2018年1月提前至2017年1月；三是增加高标准普通柴油供应，分别从2017年7月和2018年1月起在全国全面供应国Ⅳ、国 V 标准的普通柴油。

提升油品质量需要改进炼油企业的设备和工艺，但最大的难题恐怕不在于技术，关键还在于成品油价格的制定和成本的分摊。在当前成品油仍实行政府指导定价的背景下，如果只有石油生产企业承担这一成本，这显然并不合理，企业技术改良的动力也将因之而不足。这就需要政府科学核定油品质量升级的成本，并将这一成本在生产企业和消费者之间合理分摊。在此次改革后，政府可以更好地调动企业提升油品质量的积极性；同时，只要政府将油价调控风险准备金的收支情况跟老百姓算个"明白账"，也可以减少公众对油价调整机制的质疑。

为了完成加快油品升级的任务，2015 年 4 月底国务院常务会议提出，"炼油企业将增加技改投资约 680 亿元"。是否能够落实该项措施，关键在于有关部门和地方能否做好衔接并对技改资金予以一定支持。对不达标的落后炼油产能，各地要坚决淘汰。此外，中央和各级地方政府部门必须加大对油品质量和机动车排放情况的全面监督和有效检查，真正把控此项政策措施的落地环节与效果。

总之，当前我国应积极地将国际油价的持续低迷视为治理环境污染、发展绿色经济、促进经济发展转型的一个良好机遇。要加快推进成品油质量升级，适应日益严格的排放标准，从而推进雾霾治理和环境改善；同时，要通过油品质量提升来扩大投资、促进企业技术改造和消费需求。

环保产业投资的空间在哪，机会多大？*

　　资源环境制约是当前我国经济社会发展面临的突出矛盾。加快发展节能环保产业，对拉动投资和消费、形成新的经济增长点、推动产业升级和发展方式转变、促进节能减排和民生改善、实现经济可持续发展，都具有十分重大的意义。

　　从定义上看，环保产业指在国民经济结构中，以防治环境污染、改善生态环境、保护自然资源为目的而进行的技术产品开发、商业流通、信息服务、工程承包等活动的总称。随着全球对环境保护重视程度的增加，环保产业快速发展。据统计，全球环保产业的市场规模已从1992年的2500亿美元增至2013年的6000亿美元，年均增长率8%，远超全球经济增速，环保产业成为各国的"朝阳产业"。

---

　　*　本文改写自黄晓勇教授2016年3月26日在中国投资协会民营投资专业委员会2016年理事会上的讲话。

一 当前我国的生态环境与环保产业投资机会

目前我国生态环境形势严峻，环境承载能力总体已经接近或达到极限。大气污染、水污染和土壤污染等问题尤为突出，这决定了我国环保产业发展空间巨大。

每天早上起来第一件事就是看天，成为很为很多城市居民的生活习惯。环境部发布的 2015 年全国城市空气质量报告显示，2015 年全国 338 个地级及以上城市空气质量平均达标天数的比例为 76.7%。京津冀区域内的 13 个城市空气质量平均达标天数比例为 52.4%。在进入冬季采暖期后，京津冀区域发生了多次污染程度重、影响范围广、持续时间长的空气重污染过程，12 月京津冀先后出现 5 次明显重污染过程。

在水污染方面，《2015 中国环境状况公报》显示，全国有 470 个城市（区、县）开展了降水监测，酸雨城市比例为 29.8%，酸雨频率平均为 17.4%。在 4896 个地下水监测点位，水质优良级的监测点比例为 10.8%，良好级的监测点比例为 25.9%，较好级的监测点比例为 1.8%，较差级的监测点比例为 45.4%，极差级的监测点比例为 16.1%。

在土壤污染方面，2014 年 4 月环保部和国土资源部联合公布《全国土壤污染状况调查公报》。根据该调查公报，全国土壤污染总超标率为 16.1%，其中轻微、轻度、中度和重度污染点位比例分别为 11.2%、2.3%、1.5% 和 1.1%。从污染分布状况来看，南方的土壤污染程度重于北方，在长三角、珠三角、东北老工业基地等部分区域，土壤污染问题较为突出，西南、中南地区的土壤重金属超标范围较大。目前，我国耕地质量等级劣质率为 27.9%。与空气和水污染的治理不同，土壤修复工作耗资大、耗时长、处理过程复杂，很容易产生二次污染。

严峻的环境污染形势也意味着环保产业巨大的投资空间和机会。滇池和淮河的污染是全国环境污染的典型，以这两大水域的治理为例，其投入就十分庞大。

1986 年以前，滇池水质为三类水，按国家标准可作饮用水水源。1987 年到 1988 年，昆明工业迅猛发展，大量工业污水开始直排滇池，1988 年蓝藻爆发，滇池水质全面恶化。从 1994 年开始，滇池水质成为五类水，仅可作农业用水。1999 年、2000 年的蓝藻、水葫芦大规模爆发，被生态学家诊断为"患上了生态癌"。从 1993 年起，各级政府付出 20 余年时间，持续投入数百亿元，然而从最初的"两亿元治好滇池"，到如今已投入数百亿元，滇池水质仍未实现根本性好转。

"走千走万，不如淮河两岸。"这句民谚生动而形象地概括了淮河流域的人民安居自得的情形。淮河作为中国第三大河流，流经 180 多个县（市），养育着 1.7 亿人。"50 年代淘米洗菜，60 年代洗衣灌溉，70 年代水质变坏，80 年代鱼虾绝代，90 年代身心受害。"为了治理淮河污染，国家不断出台政策，并投入巨资，在淮河流域建设了多个污水处理厂。国家在 2008 年以前就已先后投入近 200 亿治污费，数百亿投入仿佛都在河上打了水漂。

2014 年全国环境污染治理投资为 9576 亿元，同比增长

6%，"十二五"期间全国环境污染治理投资有望达到 5 万亿元。据环保部规划院测算，"十三五"期间，全社会环保投资将达到 17 万亿元，是"十二五"期间的 3 倍以上。环保产业将成为拉动经济增长重要支柱。

二　环保行业投资的重点领域

根据《国务院关于印发"十二五"节能环保产业发展规划的通知》，我国的环保产业应重点发展以下三大领域：一是先进环保技术和装备；二是环保产品；三是环保服务。

1. 技术和装备

污水处理。重点攻克膜处理、新型生物脱氮、重金属废水污染防治、高浓度难降解有机工业废水深度处理技术；重点示范污泥生物法消减、移动式应急水处理设备、水生态修复技术与装备等。

垃圾处理。研发渗滤液处理技术与装备，示范推广大型焚烧发电及烟气净化系统、中小型焚烧炉高效处理技术、大型填埋场沼气回收及发电技术和装备，大力推广生活垃圾预处理技术装备。

大气污染控制。研发推广重点行业烟气脱硝、汽车尾气高效催化转化及工业有机废气治理等领域的技术与装备，示范推广非电行业烟气脱硫技术与装备，改造提升现有燃煤电厂、大中型工业锅炉窑炉的烟气脱硫技术与装备等。

危险废弃物与土壤污染治理。加快研发相关技术与装备，治理被重金属、危险化学品、持久性有机污染物、放射源等污染的土壤。

监测设备。加快大型实验室通用分析，快速准确的便携或车载式应急环境监测、污染源烟气、工业有机污染物和重金属污染在线连续监测技术设备的开发和应用。

2. 环保产品

环保材料。重点研发、示范膜材料和膜组件、高性能防渗材料、布袋除尘器高端纤维滤料和配件等。推广离子交换树脂、生物滤料及填料、高效活性炭等。

环保药剂。重点研发和示范有机合成高分子絮凝剂、微生物絮凝剂、脱硝催化剂及其载体、高性能脱硫剂等。

3. 环保服务

以城镇污水垃圾处理、火电厂烟气脱硫脱硝、危险废弃物及医疗废弃物处理处置为重点，推进环境保护设施的建设及其运营的专业化、市场化、社会化。大力发展环境投融资、清洁生产审核、认证评估、环境保险、环境法律诉讼和教育培训等环保服务体系。

三　制约我国环保产业发展的因素

虽然我国环保产业取得了较快发展，但总体上看，其发展水平还比较低，在发展过程中还存在一些突出问题。问题主要体现在以下六个方面。

一是技术创新能力不足。环保产业是技术密集型产业，在重点区域和重点行业存在较高的技术门槛。我国尚未完全掌握一些核心技术，而一些我国已能自主生产的节能环保设备，其性能和效率有待提高。特别是在土壤与地下水污染防治、资源循环利用及节能等方面，我国的技术水平与国外先进水平差距较大，且我国缺乏实践经验。在一些关键材料和设备的加工制造上，我国的水平与国外先进水平差距明显。

二是市场结构不合理，市场秩序不规范。我国环保企业普遍规模偏小，产业集中度低，市场主体发育不成熟。节能环保设备成套化、系列化、标准化水平低，产品技术含量和附加值不高，国际品牌产品少。污染治理设施重建设、轻管理、运行效率低。

我国环保产业市场秩序混乱。比如，在再生资源行业前端的回收拆解环节，正规的企业难以获得税收优惠，而从事回收的个体商贩通过偷税漏税能够压低回收成本。行业的无序状况导致正规的拆解企业无事可做，而非正规企业却赚得盆满钵满。此外，随着部分企业跨界转型进入环保行业，出现了以低价拿项目的现象，最终导致预期的节能环保效果无法达到，严重扰乱了行业秩序并影响了行业声誉。

三是环保标准不健全，环保执法不严格。我国的节能环保法规和标准体系不健全，资源性产品价格改革和环保收费政策尚未到位；与此同时，环保执法力度也偏轻偏软，这使环境污染的负外部性无法内部化，从而导致污染企业对环保产业的需求减弱。

我国钢铁、水泥、化工等重工业企业的环境治理成本差异性较大，企业因环保投入提高生产成本会导致其缺少市场竞争力，于是出现企业"守法成本高、违法成本低"的问题，这最终导致好企业被淘汰、坏企业能生存的"环保逆淘汰"现象的出现。长此以往，企业节能环保投入的意愿就会十分低下。

四是投资主体不明确，投资金额不到位。环境作为一种最普惠的公共产品，对其污染的治理需要来自政府的投入。而按照"谁污染谁治理"的公平原则，应当由污染者承担治理责任。特别是对一些存量的且污染责任不明确的环境问题，其治理的投入主体就更不明确。

五是配套的财税和金融政策不完善。由于具有正外部性，环保产业理应获得一定财税和金融政策的支持。但目前环保产业难以充分获得财税政策优惠。而在融资方面，环境基础设施项目存在初始投资大和建设周期长的特点，前期融资需求迫切。比如，一些环保企业以 BT、BOT 等模式开展污水处理厂和垃圾处理厂建设，其前期大量投入就离不开金融机构的支持。再比如，一些从事节能改造的合同能源管理公司，其前期购买节能设备和技术的成本也需要融资支持。尽管目前各部门制定的绿色金融政策较多，但总体来说它们缺乏可操作性。

六是环保产业市场体系不健全。一些成熟的市场化机制可以提高市场参与节能环保的积极性，从而取得多赢的结果，但我国相应的市场化机制仍不健全。比如合同能源管理、环保基础设施和火电厂烟气脱硫特许经营等市场化服务模式发育不成熟，刚推出的环保"领跑者"制度仍有待完善，再生资源和垃圾分类回收体系不健全，节能环保产业公共服务平台尚待建立和完善，等等。

四　促进环保产业发展的政策建议

上述六大问题制约了我国环保行业的做大做强。要推动环保产业健康有序发展，我们必须进一步完善相关政策法律，进一步提升全民环保意识和观念。

1. 强化技术创新

为推动环保技术创新，国家可以发布鼓励性的节能环保产业技术目录。在充分整合现有科技资源的基础上，在节能环保领域设立若干国家工程研究中心、国家工程实验室和国家产品质量监督检验中心，组建一批由骨干企业牵头组织、科研院所共同参与的节能环保产业技术创新平台，设立一批节能环保产业化科技创新示范园区，支持成套装备及配套设备研发及对政策关键共性技术和先进制造技术的研究。

2. 完善价格政策、收费政策和用地政策

要提升市场主体保护环境的积极性，想要将环保产业的潜在需求转为真正的市场需要，就必须体现要素的稀缺性和环境的成本。要加快推进资源性产品价格改革。对能源消耗超过国家和地区规定的单位产品能耗（电耗）限额标准的企业和产品，应实行惩罚性电价。要严格落实脱硫电价，制定燃煤电厂脱硝电价政策。通过差别化的价格政策和收费政策，引导企业加大环保投入。同时，我国还应继续扩大碳排放权、用能权交易等试点，力争在 2017 年推出全国碳排放交易市场。此外，对能源和排放不同的企业还可以实行差别化的用地政策。

3. 完善环保法规标准

应通过制定或修订节能环保标准发挥标准对产业发展的催生促进作用。在完善法规标准方面，我们还有许多工作要做。比如，研究建立生产者责任延伸制度，让生产者对产品全周期的环保工作负责，逐步设立相关废弃产品回收处理基金，研究制定强制回收产品目录和包装物管理办法。再比如，要逐步提高重点用能产品的能效标准，修订、提高重点行业能耗限额强制性标准，强化总量控制和有毒有害污染物的排放控制要求，完善污染物排放标准体系。

4. 强化环境监督管理

进一步加强环境执法，切实改变"违法成本低、守法成本高"的状况，也将释放更多环保治理的需求。今后必须严格节能环保执法监督检查。环保执法应充分运用移动互联网、大数据、云计算、物联网等载体，加强对重点耗能单位和污染源的日常监督检查。加强市场监督、产品质量监督，强化标准标识监督管理。发挥行业协会的作用，建立国家环保产业政策实施效果的第三方评估机制，畅通民间的政策咨询与政策评估渠道。此外，对违法违规和不达标的情况要加大惩处力度。加强执法和处罚可以有效扩大环保产业需求，也可以化解过剩产能、推进供给侧结构性改革。

5. 规范环保行业秩序

政府要整顿和规范节能环保市场秩序，打破地方保护和行业垄断，打击低价竞争、恶性竞争等不正当竞争行为，促进公平竞争、有序竞争，为节能环保产业的发展创造良好的市场环境。规范市场可以避免发生部分企业的个别行为透支环保行业及环境技术的良好信用的情况。环境基础设施项目应在提供达标环境服务的同等质量条件下，追求优质低价，项目的竞价应公开透明。

6. 加大财税政策支持力度

在绿色税收政策方面，应针对环保行业进行结构性减税，选择特定税种削减税负水平，比如增值税和企业所得税等。同时要实行结构性加税，对污染排放量大的重化工业征收环境税，发挥绿色税收的调节作用。各级政府要通过安排财政资金，支持、引导节能环保产业发展。要安排中央财政节能减排和循环经济发展专项资金，并通过补助、贴息、奖励等方式，支持节能减排重点工程和节能环保产业发展重点工程，加快推行合同能源管理。要进一步健全政府采购政策，加大政府购买环境服务和环境产品的力度，积极引领环保产业的发展。

7. 拓宽投融资渠道

要鼓励银行业金融机构积极开展金融创新，加大对节能环保产业的支持力度。要探索如何将特许经营权、收费权等纳入贷款抵押担保物范围。要建立银行绿色评级制度，将绿色信贷成效作为对银行机构进行监管和绩效评价的要素。要拓宽环保企业直接融资的渠道，支持符合条件的节能环保企业发行债券，并将资金重点用于环保设施和再生资源回收利用设施建设，同时支持符合条件的节能环保企业上市融资。要研究设立节能环保产业投资基金。此外，要鼓励和引导民间投资和外资进入节能环保产业领域，支持民间资本进入污水、垃圾处理等市政公用事业领域。

　　总之，推进环保产业的发展需要从供给和需求两方面入手。一方面，要通过加强技术创新、提供财税金融扶持、规范市场秩序等，扩大环保产业的有效供给；另一方面，要通过健全环保标准、加强环境执法、完善价格政策等，扩大环保产业的有效需求。

附　录

俄罗斯成为我国最大石油进口来源国及其影响[*]

据俄罗斯媒体报道，2015年11月，俄罗斯对中国的石油月度出口量为94.9925万桶／天，高于沙特阿拉伯的88.695万桶/天，在今年第三次超过沙特阿拉伯。而在此前的5月和9月，俄罗斯就已经超过沙特阿拉伯，成为中国最大的石油进口来源国。

俄罗斯加大对中国石油出口的主要原因是什么？俄罗斯对中国的石油出口量的增加，对中俄两国具有怎样的战略意义？……为此，本刊记者对中国社会科学院研究生院院长、国际能源安全研究中心主任黄晓勇教授进行了专访。

一 俄亟须降低对欧依赖

中国石油石化：黄院长，您好！在您看来，俄罗斯加大对中国石油出口的主要原因是什么？

＊ 本文原载于《中国石油石化》2016年第3/4期合刊，记者郑丹。

　　黄晓勇：乌克兰危机后，俄罗斯与欧美关系恶化，亟须推动石油出口市场的多元化，从而降低对欧洲的依赖。石油和天然气出口占俄罗斯财政预算收入的近50%，而国际油价持续下跌导致卢布出现大幅贬值，给严重依赖能源和军工这两大主导行业的俄罗斯带来巨大的财政压力。俄罗斯已决定将2016年的财政预算削减10%。因此，俄罗斯不得不进一步扩大石油产出量，增加对中国和亚洲的出口，以争取更大的国际市场份额。

　　中国石油石化：中国从俄罗斯进口更多石油的主要原因是什么？

　　黄晓勇：中俄原油贸易以管道运输为主。管道远距离运送原油的成本要低于海洋运输，运输时间也少于海洋运输，因此，中国从邻国俄罗斯进口油气有经济利益可图。管道运输还可以避免海上运输的安全风险。此外，中国进口俄罗斯石油还可以与中东石油竞价，压低购买成本，减少"亚洲溢价"。

　　中国每年进口石油约3亿吨，其中近80%来自中东产油国和北非地区。从俄罗斯进口石油可以减少对中东地区的资源依赖，有利于中国进口油气来源的多元化和通道安全。中国是全球最大的石油进口国，国内市场的消费需求以及其增长潜力使之成为石油输出国的必争之地。在全球石油贸易已进入买方市场的背景下，中国在原油进口中可以有更大的议价能力，在地缘政治经济方面有更大的战略空间，在能源政策的制定上也可以更加灵活。

中国石油石化：俄罗斯对中国的石油出口已超过沙特阿拉伯，对中国和俄罗斯来说，这具有怎样的战略意义？

黄晓勇：一方面，俄罗斯亟须扩大油气出口以支撑国内经济；另一方面，中国的石油需求量大，成为俄罗斯油气在亚洲的主要买家。目前，中俄两国关系又处于历史最好时期。这些因素都促使中俄能源合作大大提速。俄罗斯成为中国最大的石油进口国，是一个有标杆意义的事件，标志着中俄能源战略合作近年取得了实质性进展。

二 中国逐渐减少对中东的依赖

中国石油石化：在您看来，沙特阿拉伯对中国的石油出口量被俄罗斯超越的后续影响是什么？

黄晓勇：首先，沙特阿拉伯长期以来是中国的第一大石油进口地。但数据显示，2015 年 10 月，中国来自石油输出国组织（OPEC）的石油进口份额由 2012 年中期近 70% 的最高值降至 55%。沙特阿拉伯作为对华最大石油出口国的地位在 2015 年的三个月份中被俄罗斯取代，这意味着中国正在逐渐减少对中东地区的石油资源依赖。其次，当前全球油气格局呈现的供大于求的局面将可能持续，加上油气资源的战略属性减弱，油气将逐渐转变为普通商品。在这个时期，各国对油气资源的价值判断必将发生变化。中东产油国应该改变"资源为王"的心态，尽快摆脱对资源出口的依赖，减少"亚洲溢价"。最后，全球能源产业进入了转型期，以可持续发展为目标的能源时代催生了清洁可再生能源的蓬勃兴起。未来，中东油气资源不仅可能被俄罗斯油气资源替代，也将在若干年后被由新技术引领的新能源所替代。

三 俄石油出口能否增长待观察

中国石油石化：未来俄罗斯石油增产的趋势能否持续？

黄晓勇：首先，从资源储量看，俄罗斯石油仍具有继续增产的潜力。俄罗斯是全球油气资源最为丰富的地区之一，石油资源增长潜力巨大。其次，在 OPEC 坚持不减产的情况下，由于其产业多元化在短期内难以取得成效，俄罗斯也不太可能做出减产决定。尽管 OPEC 一再希望俄罗斯限产保价，但俄罗斯拒绝同沙特阿拉伯就减产达成合作。同沙特阿拉伯一样，俄罗斯需要继续增加油气产量，保证油气收入不会大量削减，以维持并力争更多的全球油气市场份额，支撑国内经济运行和财政收入。俄罗斯国家石油公司执行长谢钦 2015 年表示，俄罗斯在接下来的 20 年可能将本国的石油生产提高 1/3，日产量或超过 1400 万桶。

中国石油石化：俄罗斯对亚洲石油出口的增加是否会常态化？

黄晓勇：俄罗斯对亚洲的石油出口能否持续增加取决于其国内产量能否保持稳定。根据计划，俄罗斯对亚洲的油气出口在未来的 20 年将提高至少 1 倍，届时，俄罗斯将有至少 1/3 的油气产量出口到亚洲。

然而，俄罗斯要想保持石油产量的持续增长还需面对不少困难。首先，俄罗斯石油资源分布不均，探明程度低，剩余可采储量主要集中在少数大油田。其次，俄罗斯易于开采的油田资源正日趋枯竭。石油资源开采的总体技术难度越来越大，核心石油生产区西西伯利亚的产量已连连下跌。再次，国际油价下行也使不少油田开采的经济性持续下降。

乌克兰危机后，美欧的经济制裁使俄罗斯在获得境外融资及境外技术方面受到限制，这导致俄罗斯石油产业在勘探开发和融资方面面临更大困难。综合上述情况判断，未来俄罗斯石油产量虽然可能会保持增长，但增幅可能比较有限。俄罗斯对亚洲石油出口能否持续增加还尚待观察。

中国石油石化：除了扩大油气贸易量外，中国和俄罗斯还可在哪些方面加强油气合作？

黄晓勇：中俄两国在能源领域互补性强，合作领域十分广阔。除了扩大油气贸易外，两国在能源装备、勘探开采技术、油田服务及油气管线管理维护等方面都有良好的合作前景。俄罗斯石油开采的总体技术难度越来越大，且技术水平提升缓慢。而中国相关服务和装备竞争力不断增强，价格优势明显。加强两国在能源装备和油田服务等领域的合作有助于降低俄罗斯油气开采成本，稳定油气产量，实现新时期的中国制造和服务与俄罗斯油气资源的产能合作。

世界能源博弈或再一次重新洗牌*

　　能源一直以来都是我国国民经济中一个重要的基础部门，也是关系国计民生的战略性产业。能源的长期稳定供应是顺利实现我国跨越式发展战略的重要保障，能源的平稳供应是宏观经济稳定运行的基础。同时，能源不仅是国内问题，更与国际经济、国际政治的发展变化息息相关，也与技术、产业等问题有着千丝万缕的联系。

　　近年来，能源问题对世界局势的影响越发明显，许多重大事件都和能源直接相关，如从 2011 年持续至今的西亚北非动乱、日本福岛核事故以及伊朗核问题等，都在不同程度上对世界能源局势产生了消极影响。为此，《地球》记者采访了中国社会科学院研究生院院长、国际能源安全研究中心主任黄晓勇教授。

---

　　*　　本文原载于《地球》2014 年第 8 期，记者段雯娟。

一　中国能源安全目前和未来都面临着严峻挑战

地球：当前世界经济政治形势复杂，各经济体之间关系并不平衡，乌克兰危机仍未得到解决，为全球能源安全形势带来了新的不确定性。你认为中国的能源安全正在受到怎样的挑战？

黄晓勇：中国的能源安全目前和未来都面临严峻挑战，我国能源供应与经济发展、环境保护之间矛盾突出。世界能源博弈可能又面临一次重新洗牌，呈现出供应源和需求方同时"多极化""多元化"的纷繁复杂局面，客观上有助于世界能源价格的理性化，从而降低能源进口与消费大国的成本。

由于乌克兰危机的影响，今后俄罗斯作为天然气供应者的地位将被削弱，欧洲国家甚至已经开始筹划从美国进口液化天然气。另外，基于同样的背景，欧盟和东欧国家很可能改变原来对页岩气勘探开发的保守态度，试图在本土开发更多的天然气资源。如果这两个愿景都得以实现，整个欧洲的能源结构、经济结构和国际政治战略都可能发生深刻变化，同时我国与东亚诸国的能源合作可能性也将提高。在国内层面，我国单位国内生产总值能耗过高，能源结构中化石燃料比重过高，"高碳"几乎成为我国经济发展模式的标签，且"高碳"式的能源消费方式将直接造成高污染、高浪费、低效率。我国的能源安全仍有一定脆弱性，这客观上要求我们通过控制能源消费总规模、节能和提高能源利用效率来提升能源自给水平和供给保障能力。长远来看，大力推进节能还有利于抑制居高不下的石油价格的进一步上涨，可以更好地稳定国际能源价格。

地球：面对目前的世界能源发展形势，我国应当如何应对？

黄晓勇：当前我国必须重新审视"能源安全"的实质，摆脱"安全＝加大供应"，即依靠粗放供给满足过快增长需求的习惯思维，而转变为"安全＝效率"，即以科学供给满足合理需求的观念。大力倡导节能型经济发展模式、全面推广节能技术、清洁能源技术，是解决我国环境与能源安全问题的关键手段。

传统能源安全观认为，一国能源安全应该包括能源的可获得性、运输通道的安全和价格的可接受性三个方面，但新的理论增加了对能效与清洁能源的考量。

目前我国经济运行能耗过高，单位国内生产总值能耗是全球平均水平的两倍左右，能源结构中化石燃料比重过高。这种能源消费方式造成了高污染、低效率。近年雾霾天气的频发及其影响范围的不断扩大，已经向我们敲响了警钟。

走节能绿色发展道路，可以缓解我国能源供给压力。随着我国企业"走出去"和进口渠道增加，在能源来源多元化方面我国取得一定进展，但石油进口地仍集中于中东、非洲，且多为局势动荡地区。在通道安全方面，中国石油海路运输大多途经霍尔木兹海峡和马六甲海峡，容易受战争等因素的干扰，我国在能源安全方面的脆弱性显而易见。

能源安全在很大程度上是石油安全。在 1973~1975 年发生的第一次世界石油危机中，石油价格的急剧上升对石油进口国造成了巨大冲击，使这些国家的经济发展受到沉重打击。相关国家至今对此记忆犹新，谈虎色变。在那之后，石油的价格逐渐上升，到今天已居高不下。

进入 21 世纪后，我国高能耗、高污染行业发展较快，在不少年份我国的能耗增幅大于国内生产总值增幅。尤其是 2004 年，我国能源消费总量达到 19.7 亿吨标准煤，同比增长 15.2%，原油消费 2.9 亿吨，同比增长 16.8%，成为当时国际石油与金融市场炒作的重要"题材"。近年国际能源定价的金融化趋势，使中国因素被不断放大。抑制我国能源不合理消费，可以更好地引导国际能源市场的价格。

随着美国对中东、北非石油的依赖程度的大幅下降，美国外交与地缘政策的变化将给中东局势带来新的变数，有可能进一步增加我国能源供给的不确定性。这要求我国通过减少能耗、大力开发新能源等措施予以应对。

二　"一带一路"战略布局构建中国能源重点

地球：能源安全是全世界共同关心的重大问题。中国作为全球能源消耗量最大的国家，其能源安全问题尤其突出。你怎样理解习近平主席强调的"全方位加强国际合作，实现开放条件下能源安全"？

黄晓勇：作为世界上最大的能源生产国和消费国，中国的能源安全问题备受关注。为应对世界能源版图变化带来的挑战，中国正努力推动实现能源进口多元化，加强对陆上周边国家的能源战略布局。

目前，中国的能源需求与进口还在迅速增长。2013年中国进口原油2.82亿吨，增长4%；煤炭3.3亿吨，增长13.4%；天然气进口527亿立方米，增长25.2%。截至2013年底，天然气对外依存度达30%，比2012年提高3.1个百分点。

在能源进口增长加速的同时，中国70%的进口原油都要经过霍尔木兹海峡、马六甲海峡，这样的石油海路运输途径易受其他国家掣肘，可能对能源安全构成严峻挑战。此外，进口石油源集中于中东、非洲等地区，而未来的外交与地缘政治因素或将增加这些地区动乱的可能性。

为应对能源安全挑战，近年来，中国积极拓展对外能源合作渠道，推动与土库曼斯坦、俄罗斯、哈萨克斯坦、缅甸等陆上周边国家在油气管道建设上的合作。2013年中缅油气管道全面贯通，进一步改变了中国能源运输单纯依赖海运的局面，实现了从西北、西南、东北和海上四大通道进口能源的战略目标。

在2013年中国的前十大原油进口国中，来自沙特阿拉伯、安哥拉、俄罗斯等传统主要供应商的原油进口量大致与2012年持平。其中，来自伊拉克的进口增幅最大，达49.9%，来自阿曼、阿拉伯联合酋长国、哈萨克斯坦的进口也都有大幅增加，进口来源更加多元化。世界能源供给源的增加，使中国选择余地更多，这在一定程度上提高了中国在世界能源博弈中的主动权，并且增加了中国开展对外能源合作的可能性。

一方面，中国应该继续积极推动周边外交，借助"一带一路"（"二十一世纪海上丝绸之路"和"丝绸之路经济带"）战略布局构建中国能源重点，进一步深化与环里海国家的战略合作关系。另一方面，应通过多种途径努力提高中国在世界能源市场中的地位，同时加强能源金融监管合作，以减少国际油价的非理性波动。

地球：目前全球经济形势的变化对世界能源格局以及中国能源安全造成了怎样的影响？

黄晓勇：目前，美国页岩气、页岩油等开采量和供应量大大增加，美国因此可能成为全球最大的能源生产国，甚至是重要的能源出口国，这将极大影响美国的对外政策与全球战略。

2011 年，美国首次成为石油精炼产品的净出口国。有报告显示，2020 年美国将超过俄罗斯、沙特阿拉伯成为全球最大的石油和天然气生产国。美国的"能源独立"将直接对世界能源供应格局造成冲击，进而对其外交和地缘政治局势乃至世界格局产生微妙的影响。

在过去几年里，全球经济动荡不定，世界能源格局也发生了一些重大变化。虽然从 2008 年金融危机爆发至今已有 5

年时间，但世界经济依然没有摆脱危机阴影，制度性缺陷导致的美国财政悬崖、绵延不断的欧洲债务危机，以及核事故后日本经济的不确定性成为阻碍全球经济复苏的重要因素。

黯淡的经济前景导致了能源需求的低迷，但全球能源行业也在发生一些积极的变化。中国在世界能源市场中的表现将在很大程度上决定全球未来能源格局的走向。目前，中国已经成为世界第一大能源消费国、第一大石油进口国以及第二大石油消费国。随着中国能源需求继续增加、能源资源对外依赖程度不断加深，以及中国能源企业走出去的步伐逐渐加大，中国对世界能源市场的影响力也在不断提升。

三　中国与拉美国家能源合作的有利时机和三大阻碍

地球：中国与拉美地区的能源合作存在哪些问题？

黄晓勇：拉美地区近年来在世界能源市场中的地位不断提高，已经成为中国在对外能源合作中重点关注的对象区域之一。

第一，从供给的角度来看，拉美地区在石油和新能源领域都有着举足轻重的地位。英国石油公司 2012 年报告显示：拉美地区已成为世界第二大石油储量区，其石油探明储量约占世界探明储量的 1/4 左右且还在不断增加；巴西的生物燃料产量约占世界总产量 22.2%，是仅次于美国的第二大生物燃料生产国。同时，拉美地区在对外能源合作上一直坚持开放化和多元化的战略。另外，对于拉美地区来说，页岩气革命已使美国逐渐从一个重要的能源出口地转变为能源出口竞争国，这对中国加强与拉美地区的能源合作亦不失为一个有利因素。

第二，就国别而论，委内瑞拉、巴西、墨西哥都是重要的产油国，其中委内瑞拉已经超过沙特阿拉伯成为世界第一大石油探明储量国。根据该地区的开采速度计算，其开采年限均在 10 年以上，而委内瑞拉更是超过了 100 年。另外，该地区的非常规油气储量也很丰富，虽然其开发还面临着不少制约因素，但在页岩气革命的背景下，发展前景也较为乐观。

第三，在能源消费方面，限于经济发展水平，该地区能源消费量增速较低。虽然作为金砖国家之一的巴西的能源消费增长较快，但在总体上该地区仍是一个传统的能源出口地。

第四，在对外能源合作方面，拉美国家在政策领域采取了两种不同的方式：一种以根本性变革为主，较为激进，如委内瑞拉；另一种则以局部调整为主，相对缓和，如巴西、墨西哥等。这两种政策取向在开放程度方面存在较大差别，将会成为中拉能源合作中最大的不确定性因素。

在对外合作的对象方面，美国对于拉美来讲仍然是最重要的合作伙伴，并且已经形成了较强的相互依赖性。但是，随着美国能源独立进程的推进，这种依赖性也在逐渐降低。同时，随着经济发展水平的不断提高，亚洲市场已经成为拉美地区的重点关注对象。虽然目前拉美还不是中国、日本、印度等亚洲能源消费大国的主要能源合作伙伴，但随着世界经济增长重心向亚太地区转移，亚洲国家将会成为拉美多元化战略中重要的一环。

随着中国经济的迅速发展，中国在国际经济事务中的作用不断加大，对全球和地区经济的稳定与增长发挥着不可替代的作用。在近 20 年间，中拉之间的经贸关系有了很大发展，尤其是 2001 年以后，双边贸易的年均增长率超过了30%，远远高于中国外贸增长的总体水平，中国已经成为拉美地区的主要直接投资来源国之一。

当前中国与拉美地区贸易投资联系增长很快，有助于双方能源领域的合作的开展。但是问题也比较突出，主要表现在：一、拉美地区保护主义比较突出，在关系国计民生的能源产业方面这种保护主义表现得尤为明显；二、拉美国家对中拉贸易结构不满意，由于中国在该地区进口资源类产品较多，国际舆论出现了"中国石油饥渴症"的认识，影响了中拉能源合作的互信；三、拉美地区贸易便利化、投资便利化程度不高，贸易投资壁垒较多，阻碍了中国企业走出去的步伐。

造成这种状况的原因，既有拉美进口替代发展战略模式所造成的路径依赖，以及因对本国经济竞争力缺乏自信而产生的保护主义传统，也有长期保护政策下利益集团相互博弈达成均衡后的制度惯性，还有中拉之间缺乏类似中非之间的合作机制。

上述问题的解决，需要中国和拉美国家从中拉经贸关系发展的大局出发，求同存异，开拓务实，寻求双赢的解决方案。建立起稳定、有效率的中拉战略互信、战略合作框架与合作机制是当务之急。

就我国而言，首先应当注意拉美油气政策的变化并制定应对措施；其次应选择适当的合作方式并建立完善的风险防范机制，以利于我国企业更好地"走出去"；最后要尽快实现公司经营的本地化，以更好地融入当地社会，实现企业在拉美地区长期经营、稳定发展、双赢共赢的良好局面。

四　核电是解决能源矛盾的重要选项

地球：习近平主席还提到，要在采取国际最高安全标准并确保安全的前提下，抓紧启动东部沿海地区新的核电项目建设。你怎样看待核电的发展？

黄晓勇：世界上有比较丰富的核资源，地球上可供开发的核燃料资源能够提供的能量是化石燃料的十多万倍。核能应用作为缓和世界能源危机的一种经济有效的措施，具有许多优点，核电成本与传统发电相比也便宜许多。而且，由于核燃料的运输量小，核电站可以建在最需要能源的工业区附近。

核电站的基本建设投资一般是同等火电站的一倍半到两倍，不过它的核燃料费用却要比煤便宜很多，其运行维修费用也比火电站少。如果掌握了核聚变反应技术，使用海水作燃料，则燃料更是取之不尽、方便易得。

其二是污染少。火电站不断向大气里排放二氧化硫和氧化氮等有害物质,同时煤里的少量铀、钛和镭等放射性物质,也会随着烟尘飘落到火电站的周围,污染环境。而核电站由于设置了层层屏障,基本上不排放污染环境的物质,其放射性污染也比烧煤的电站少得多。

其三是安全性强。从第一座核电站建成以来,全世界投入运行的核电站达400多座,这么多年来它们的运行基本上都是安全正常的。虽然有1979年美国三里岛压水堆核电站事故、1986年苏联切尔诺贝利石墨沸水堆核电站事故,以及日本福岛核电站事故,但在相当程度上可以说,这几次事故都与人为因素相关。也就是说,其灾害与影响本可控制在一个很有限的范围内,甚至可以避免。而且随着压水堆的进一步改进,核电站有可能会变得更加安全。

习近平主席特别强调要抓紧启动东部沿海地区新的核电项目建设,但由于技术路线不明朗、高端设备不到位、审批慢等问题,今年上半年仍无机组开工。为了完成到2020年在运5800万千瓦的目标,高层此番再提核电加速,产业发展确定性更大。

中国能源安全问题,主要体现为能源供应与经济发展、环境保护之间存在着突出矛盾。发展核电是解决这个矛盾的重要选项,但发展核电必须安全先行,只有打消了人们对于核电的安全顾虑,核电项目才能顺利落地。

油价暴跌，背后几多玄机？[*]

国际油价持续下跌，对石油生产国和消费国带来极大影响。在价格下跌背后，各种论调纷纭。油价下跌对世界经济和能源格局将带来何种影响？油价下行压力是否将持续？

黄晓勇（中国社会科学院研究生院国际能源安全研究中心主任）

安德鲁·霍兰德（美国智库美国安全项目高级研究员）

埃利·哈巴比昂（委内瑞拉加拉沃沃大学教授，曾任委驻石油输出国组织代表）

约翰·马瑟索尔（美国经济咨询埃士信公司高级分析师）

伊戈尔·尤什科夫（俄罗斯国家能源安全基金首席分析师）

---

[*] 本文原载于《人民日报》2015 年 1 月 14 日，记者吴成良、吴志华、谢亚宏、朱玥颖。

国际油价为何下挫?

石油输出国组织是否会救市?

关键词:供需失衡　美元升值　市场博弈

黄晓勇:国际油价自去年夏天起大幅下跌,市场供需趋于宽松是首要原因。一方面,中国经济增速放缓,欧洲和日本经济复苏乏力,全球石油需求总体疲弱。另一方面,非常规油气资源的开发实现了更具经济效益的使用,世界原油产量正在增加:美国页岩气革命使其原油产量创30年新高;深海石油开采等新技术的开发和运用扩大了石油生产领域;此前遭受战乱的利比亚和伊拉克等国油田恢复开采;一批新的石油输出国正在崛起,如墨西哥、巴西和哥伦比亚等——石油供给的多极化和总量的增加,客观上有助于油价走低。

此外,去年美国经济开始好转,逐步退出"量化宽松",美元持续升值,给以美元计价的国际石油价格带来下行压力。石油的金融属性明显增强,当资本市场看空全球经济和油价时,市场基本面因素被放大,形成油价持续下跌的惯性。

伊戈尔·尤什科夫:交易所的悲观情绪也给油价带来影响。大部分世界原油实际上是通过几个世界级交易所如北海布伦特实现流通的,而且大部分交易都是通过预先约定价格的纸面合同进行。近期的石油暴跌趋势严重影响了交易所中间商的心理,欧洲的经济不振和美国的产能增加让两个能源消费主力购买石油的前景只会更趋负面,为了减少损失、尽快变现,中间商只能选择抛售。

　　油价下跌不会在短期内结束。首先，美国和石油输出国组织在自己的要求得到满足前不太可能主动"停战"；其次，就算双方决定进行协商，但美国的能源企业基本都是私营的，政府相关指令能否有效传达到企业，也是一个未知数。在未来两年内油价会在每桶 75~85 美元的区间内浮动。

　　安德鲁·霍兰德：油价下跌的速度令人意外。问题不在于石油输出国组织是否会采取行动，而在于沙特阿拉伯是否减产。石油输出国组织成员国意见不统一，伊朗、委内瑞拉等国希望减产以促价格回升，但沙特阿拉伯日前已说服石油输出国组织成员国相信，不管价格跌到什么程度，减产都不符合该组织成员国的利益。因此，沙特阿拉伯未来的举动最值得关注。

　　埃利·哈巴比昂：沙特阿拉伯认为，减产意味着让出市场。要求石油输出国组织单纯地削减产量来维持价格，那是靠不住的。石油输出国组织可以每天削减 150 万桶石油的供应量，却会因此失去对石油市场的主导能力，因为其他国家会乘机补充其让出的市场份额，并迅速扩大自己的石油生产能力。其最终就可能陷入降价、增产、再降价、再增产的循环周期，这是石油输出国组织不愿意看到的。争夺市场是一场生死之战。如果失去了市场，再想收复就很难了。同样，石油生产大国俄罗斯也不会从市场上撤走。

　　目前，全球经济还没有出现明显的恢复增长的势头，油价还可能继续处于波动状态。作为贸易商品，石油价格可能会下跌到每桶 40 美元或 45 美元，但即便如此，利润空间仍然存在。油价下跌实际上是石油利润减少。西方国家，也包括中国等新兴石油消费国，都不愿意看到因石油产业利润暴跌而引发市场长期动荡，危及世界经济的健康发展。因此，油价下跌只是阶段性的。为避免石油输出国组织成员经济普遍受到重创，甚至影响全球经济的发展，油价可能会在每桶70美元上下的水平逐步稳定下来。

如何影响世界经济?
谁家欢喜谁家愁?
关键词：提振经济　通缩压力　结构调整

安德鲁·霍兰德：低油价相当于把钱从石油生产者的口袋转移到了消费者的口袋，而消费者通常会更快地把钱花出去。考虑到消费增长，低油价对经济的提振作用很大。

约翰·马瑟索尔：低油价会给全球经济带来显著的通缩压力，从而减少中央银行实施宽松货币政策时的顾虑。石油和其他大宗商品价格通常要在6个月以上的时间后才能被传导到供应链。预计在未来一段时间里，全球通胀压力会非常小。

黄晓勇：总体来讲，油价下挫对世界经济的影响是正向积极的。1973~1974年的中东石油禁运、1979~1980年的伊朗伊斯兰革命以及1990~1991年海湾战争，均导致了国际油价大幅上涨，给世界经济特别是西方发达国家的经济带来了巨大冲击。高油价带来的物价持续上涨，容易使世界经济陷入滞胀，而油价的适度下跌无疑有利于刺激消费，从而有助于全球经济的复苏。

油价的下跌，本质上是一种财富的国际转移，即产油国向石油消费国转移一部分利益，此次油价暴跌给不同经济体造成的影响可谓错综复杂。

油价下跌对俄罗斯、伊朗、安哥拉等产油国的经济增长、财政收入和民生支出都会带来比较明显的冲击。在短期内如果油价进一步下探，这些国家的财政状况会面临窘境。从长期看，油价下跌还会迫使这些国家降低对油气资源出口的依赖，进行产业结构调整，实现产业的多元化。

对中国、日本等依赖石油进口的国家或地区而言，油价下跌的总体影响是积极的。一方面，油价下跌有利于石油行业中下游的精炼、化工类企业降低原料成本，但过快下跌会使企业背负沉重的库存价损，直接影响企业利润，同时冲击这些石油进口国海外的能源开发投资。另一方面，油价大幅下跌使燃料费用迅速降低，私家车主及运输行业将从中获益匪浅，一些高耗能行业会成为获利大户。普通消费者也会因为物流费用的降低而受益，这可以带动消费的增长。而物价回落又可以使这些国家的货币政策获得更大的回旋空间。

伊戈尔·尤什科夫：阿拉伯国家的产油成本固然很低，但也要看到，由于近年来不断的社会动荡使沙特阿拉伯等国提高了警惕，如今各国都投入大量资金用于保障国家安全和改善人民福利，这笔庞大的社会开支都是由石油收入来支撑的。有数据显示，在石油价格为每桶90美元时，阿拉伯国家才能较好地达到预算平衡。

由于油价下跌，中国、日本等能源消费大国的国家开支大为降低，在趁机大笔购进石油的同时，它们省下的资金也能被用于国家的其他经济建设领域，这样的红利效应将持续一两年。鉴于这些国家都是世界经济发展的重要推动国，总体而言，油价下跌对于世界经济的复苏还是有积极作用的。

油价对于美国的影响更微妙：一方面，美国依然是世界第二大原油进口国，油价下跌，美国当然求之不得；但另一方面，油价下跌也会挫伤页岩气厂商的生产积极性。

对于俄罗斯而言，油价下跌对经济的负面影响是深远的，悲观的预测甚至称俄经济需要 5 年才能完全恢复。目前俄罗斯的许多大型能源企业已开始重新考虑投资问题，而一段时间内的减产几乎是必然的。不过，目前俄罗斯企业的私有化进程正在进行，此前进展缓慢的一些国企出售事项可能因此加速，让政府获得一些收入。俄罗斯也在与其他国家开展合作，以使其能源贸易更加多元化。

埃利·哈巴比昂：油价下跌减少了石油输出国的出口收入，对单纯依靠石油收入维持财政平衡的国家影响最大。石油每桶下跌 12 美元，俄罗斯每年就会减少 4 亿美元收入，沙特阿拉伯每年减少 8 亿美元石油收入。

石油输出国组织成员中，有的具有应对油价走低的能力，但也有国家没有做好应对准备。沙特阿拉伯、阿拉伯联合酋长国、科威特等国家外汇充裕，生产成本低，不怕石油降价。阿尔及利亚也表示可以承受油价下跌。

和伊朗类似，委内瑞拉 96% 的外汇收入和 75% 的财政收入来自石油出口，因此，油价走低带给其国民经济造成的冲击就很大，尽管目前还算不上遭受"致命一击"。最近三四年，委内瑞拉没有做好准备，并且没有设计和制定能够应对国际油价变化的能源战略规划。委内瑞拉石油储藏居世界第一位，但大部分是品质较差的重油，其石油产业没有取得明显进步，公共石油企业生产效率较低。委内瑞拉和伊朗都寄望于通过减产来维持油价，甚至通过牺牲一两年的产量来恢复油价的稳定。

是否威胁页岩革命？

是否波及新能源开发？

关键词：投资减少　盈利降低　有待观察

约翰·马瑟索尔：页岩革命是影响世界能源格局的最大力量，已削弱了石油输出国组织和其他生产国及组织对市场的影响力。

埃利·哈巴比昂：20 世纪 70 年代，石油在全球能源消费结构中占有一半的份额。80 年代中期油价下跌打击了石油生产国。到 90 年代，中国、印度等新兴市场国家的崛起及其对石油迅速增长的需求拉动了油价。油价高涨刺激了对新能源和非常规能源的找寻。美国利用高科技的优势成功开发出页岩油 / 气，页岩油 / 气的产量从 2007 年每天 1 万~1.5 万桶迅速增长到现在的 350 万桶。页岩油 / 气的成功开发向传统的石油生产出口国发出信息：油价继续保持在每桶 100 美元的高水平是"不可持续的"。

黄晓勇：有市场分析认为，石油输出国组织坚持不减产的原因之一或许还在于试图以低油价打击美国的页岩油生产，从而迅速逆转国际石油供需关系，打通油价上涨通道。美国页岩油／气的开采成本大致在 50~70 美元／桶，油价的进一步下行势必将挫伤以美国为首的国家开采页岩油／气的积极性，也会使新能源开发的比较效益进一步下降，对风能、太阳能等可再生能源的开发也会形成一定冲击。

安德鲁·霍兰德：已经投产的油井会继续生产，因为成本很低，但新钻探的油井数量将会减少。此前，许多钻井平台从钻探天然气转到钻探石油；而油价下跌后，一些平台可能回归天然气钻探领域。美国仍会生产大量页岩气，一些公司盈利不多，但这并不意味着它们会放弃生产。页岩油／气行业可能不会像以往那样快速增长，但其产量会维持在一个高水平上。

埃利·哈巴比昂：现在油价维持在每桶 65 美元上下，还处在可能的波动中。这是因为沙特阿拉伯等石油输出国组织成员国对非传统油气的平均生产成本究竟是多少并不清楚。数据显示，最大的 10 家非传统油气生产企业的股票行情最近下跌了 10%~35%。不过，油价下跌对页岩油／气的投资和生产到底影响有多大，还需要继续观察。

黄晓勇：一般认为，国际油价进一步大幅下跌的空间已经很小，即使再出现下跌也会是暂时性的。如果油价进一步下探，俄罗斯与石油输出国组织减产的动力会明显提高。一旦供需关系发生变化，国际油价可能会回调。处于后金融危机时代的世界经济复苏缓慢，在未来一段时期内石油需求仍可能呈较为疲弱之势，油价大幅上行的空间也不大。但如果国际油价持续低迷，会导致新的石油勘探和开发投资大幅减少，未来世界经济一旦进入中高增速，不排除油价出现较大幅回调的可能。

"阴谋论"是否成立？

中国如何未雨绸缪？

关键词：政治考量　不太可能　警示作用

黄晓勇：有一种说法认为，美国正利用国际油价下跌打压俄罗斯。随着金融市场增强对石油的定价权，美国的确有一些可以影响国际油价的手段。无论是美元的升值，还是原油期货市场的做空操作，都会对国际原油的期货和现货价格带来冲击。

另外有说法认为，沙特阿拉伯正联手其他石油输出国组织成员国共同打击开采成本相对较高的美国页岩气，使其减产或部分停产，从而减少全球能源供给，使油价将来进入快速上升通道。还有一些说法认为，通过打击石油等大宗商品的价格，美国可以提振美元并打压欧元，从而维持美元作为国际货币的强势地位，同时还可以打击俄罗斯、伊朗等国。

伊戈尔·尤什科夫：石油价格暴跌背后有政治势力的考量是很有可能的。第一，油价在短时间内跌幅如此之快，这本身就不正常。第二，受到石油价格下跌困扰的石油出口国主要为俄罗斯、伊朗、委内瑞拉等，而这些国家与美国和西方的关系向来不佳，尤其是乌克兰危机以来，美国一直扬言要对俄制裁，而利用石油打压主要依靠出口能源创汇的俄罗斯经济无疑效率极高。第三，如果美国的页岩革命成功，美国未来甚至可以实现原油出口，由于谁都不想放弃目前已占有的原油市场份额，因此就只能打价格战；而更重要的是，如果美国逐步实现能源独立，沙特阿拉伯等能源大国对于美国的重要性将大大降低，甚至有可能被美国剔除出其盟友的行列，这无疑是这些国家政府所不乐见的。因此，最好的方法就是将页岩油/气的开发扼杀在摇篮中，通过价格战使处于起步阶段的页岩油开发商破产。

安德鲁·霍兰德：世界不像"阴谋论"者想象的那么简单。石油输出国组织决定让价格下跌，主要是出于商业上的原因。沙特阿拉伯有良好的政府财政，其国有石油公司很强大，石油生产成本低，他们能够比竞争对手承受更长时间的低油价。"阴谋论"不成立的另一个原因是，按照这一说法，美国的石油生产商也是打击目标之一。能源市场并非真正的自由市场，其中有政府利益的存在。但美国所有的石油公司都是私营的，政府不可能要求这些公司增产或减产，低油价也会伤害美国的石油公司与其雇用的工人。

黄晓勇：种种"阴谋论"也提醒我们，中国需要加强对国际能源市场的研究，准确掌握国际能源市场的动向，并据此准备好相应的调控机制和对策，以应对石油价格波动的不确定性。此外，中国还需要积极建立石油期货市场，加强与石油生产国和消费国的合作，并在国际定价方面提升话语权。同时，中国还应该有条件地开放商业石油储备建设，加强石油市场竞争主体多元化，并积极推动新能源的开发利用。

国内外专家详解国际
油价缘何跌跌不休*

新年伊始，国际油价延续去年跌势，跌至 11 年来最低水平。油价持续下跌，对石油输出国和消费国都带来极大影响。有机构预测，国际油价将跌到每桶 20 美元的低位。2016 年，国际油价有多大可能触底反弹？

▶ **市场格局 + 美元升值 + 新能源替代**
短期内油价上升动力不足

黄晓勇：国际油价下跌主要是由全球石油供过于求的市场格局造成的。从供给方面看，2014 年 6 月之前，国际油价较长时间高位徘徊，全球石油勘探开发力度加大，一些原来不具开发经济性的油井也被赋予了商业开采条件。近年来，非石油输出国组织（OPEC）国家的石油产量增长较快，美

* 本文原载于《人民日报》2016 年 2 月 4 日，记者车斌。

国和加拿大的页岩油、巴西海上石油等石油资源开发成功，全球石油储量和产能快速增长。在需求方面，全球经济增速放缓，石油需求增速大幅下降。英国石油公司的统计显示，2014 年全球石油消费增长 80 万桶 / 日，同比增长仅 0.8%，显著低于 2013 年 140 万桶 / 日的增幅，特别是经济合作与发展组织国家的石油消费同比下降了 1.2%。

除供需失衡外，全球新能源快速发展和核能复苏，对石油消费形成一定替代。美元持续升值使以美元计价的石油价格也持续下跌。同时，OPEC 迟迟未能就减产达成协议，沙特阿拉伯等石油输出国试图以低油价打压北美页岩油气，加上国际原油期货市场操作使市场基本面因素被放大，油价进入持续下跌通道。此外，欧美部分解除对伊朗的制裁，使全球石油剩余产能和出口增长的预期进一步增加。

从中长期看，主要产油国仍将维持较高产量，石油需求在较长时间内仍将增长乏力。美元将保持相对坚挺，新能源的替代能力还将持续增强。这些因素在 2016 年不会发生显著变化，因此总体来看，短期内油价上涨乏力。

乔治·塞克曼：石油价格走低取决于三个基本要素：石油供应、石油需求和全球经济环境。在石油供应方面，目前全球石油产量超出原先估计，OPEC 并未采取供应管理措施，2015 年底的石油产量较 2014 年平均水平增加 3%。在石油需求方面，新兴市场国家经济增长的放缓，以及发达国家依然存在的宏观经济风险，导致石油需求预期疲软。

由于国际社会对可再生能源的重视程度增加以及各国

降低生产能耗的要求，经济发展对石油的需求也在降低，国内生产总值增长正从能源密集型产业向服务产业转移。自 2000 年以来，全球能源密集型产业对国内生产总值的贡献平均每年下降 1.4%。《巴黎协议》的通过预示着未来石油消费增长将进一步减弱。

然而，准确预测 2016 年的油价走势几乎是不可能的。因为所有上述提到的因素在未来都有可能向任何一个方向发展。地缘政治事件如中东局势将有可能导致更高或更低的石油产量。低油价有可能导致在交通运输和取暖等领域重新大量使用石油，当然也可能是可再生能源的普及加速矿物能源的淘汰。

奥兰多·奥乔亚：2015 年北半球国家遭遇暖冬气候，使这些国家的原油需求量处于相对较低的水平，这也是影响油价的一个因素。预计 2016 年油价仍将处于较低水平。受此影响，一些有利于增加石油产量的投资计划将会被继续搁置。油价拐点可能到 2017 年才会出现。

阿列克谢·格罗莫夫：与 2008~2009 年因国际金融危机导致的油价下跌不同，从 2014 年夏天开始出现的这一波油价下跌是供需不平衡的直接结果。当时国际石油日产量平均为 150 万到 200 万桶，个别月份还达到每日 300 万桶，远远超过实际需求。正是这一基础因素决定了近年来国际石油市场走向。国际油价的走向取决于石油市场的供需何时恢复动态平衡。如果不平衡状况继续维持甚至扩大，那么油价还将进一步下跌。在未来三五年间，油价基本不可能恢复到每桶 100 美元的水平。

▶OPEC 不减产 + 美国解禁 + 伊朗回归
世界能源版图发生巨变

黄晓勇：OPEC 国家坚持不减产，其主要目的在于维持 OPEC 及各成员国在国际石油市场上的份额，并确保各国财政安全。维持高产量和低油价还可以将北美页岩油等高成本开采的石油挤出市场，通过改变供需关系造成国际油价触底反弹。近日美国解除了持续 40 年的原油出口禁令，这一决定基于的主要考虑是当前其国内石油产量大幅增长与国际石油供给过剩。事实上，美国能够出口的原油并不多，出口范围也只局限在周边国家和地区。解除禁令不会从根本上改变国际能源市场格局，但对能源地缘政治的影响却不容忽视。

油价持续下跌已对国际能源态势造成重要影响。首先，石油交易进入买方市场，全球利益格局发生重大调整。其次，非 OPEC 国家产油量的持续增长使全球石油供给主体更趋多元化，OPEC 对全球石油市场的影响趋弱。再次，随着中国、印度等新兴经济体快速崛起与其中长期前景被看好，全球能源需求的重心从发达国家向新兴经济体转移的趋势将进一步加强。

阿列克谢·格罗莫夫：美国加入石油出口市场打乱了石油市场老玩家们安排的剧情。美国宣布出口石油的做法更多是基于其国内需求。美国已成为世界上最大的产油国之一，其在 20 世纪 70 年代制定的原油出口禁令和石油战略储备计划已不符合当前形势。

2015 年 12 月 4 日举行的 OPEC 会议成果显示，这个组织内部并没有统一立场。诸多造成此结果的因素中最为重要的是，以沙特阿拉伯为代表的波斯湾国家实际上都得益于美欧对伊朗的制裁，它们占据了伊朗原油的市场份额。现在对伊朗的制裁被解除，随着伊朗石油回归国际市场，哪个OPEC成员国会把市场份额还给伊朗呢？

事实上，现在全球石油市场正在形成新的格局，低油价更强化了这一趋势。伊朗与伊拉克两个老牌输出国重新回到竞技场，此外还出现了美国这样的新选手，这必将给整个世界能源版图带来前所未有的变化。

▶ 影响油价的地缘政治因素虽然不少 抑制油价因素更为强势

黄晓勇：沙特阿拉伯与伊朗断交对国际油价的影响有两方面：一方面两国关系紧张可能造成国际石油供给的减少，甚至局部地区可能发生供给中断，这对油价有提振作用；但另一方面，沙伊交恶也意味着OPEC国家间达成减产协议将变得更加困难，这对油价又形成了下行压力。

总体上看，地缘政治是影响国际油价走势的重要变量。以往国际上几次油价的暴涨都是由地缘政治因素直接造成的。1973年第四次中东战争爆发，阿拉伯国家决定利用石油武器教训西方大国，中东石油禁运造成国际油价从不到4美元/桶涨到超过10美元/桶。1979~1980年的伊朗伊斯兰革命以及1990~1991年的海湾战争等也都造成了国际油价的暴涨。

2016年有不少可能导致国际油价反转的地缘政治因素，其中至少包括乌克兰危机，俄土关系，叙利亚、伊拉克等国的稳定以及中东国家间的关系等。但只要"战火"不在全球范围点燃，就不会对国际油价产生根本性影响。

阿列克谢·格罗莫夫： 沙伊冲突本身意在提振油价的说法比较牵强。相反，沙伊冲突导致沙特阿拉伯在油价极低背景下继续向市场倾销原油、提供折扣价、不让伊朗占有市场。沙伊冲突将进一步给国际油价带来下行压力。

艾哈迈德·甘迪勒： 过去中东地区局势的激化可能会导致原油价格迅速飙升。然而，当下的投资者似乎更关心石油在全球范围内的过剩。即便是最大的产油国沙特阿拉伯对价格的影响也变得有限。沙伊断交后，美国 WTI 2月原油期货与布伦特2月原油期货在开盘后曾双双上涨逾2%，但随后便抹去涨幅。从目前来看，沙伊冲突并未影响到地区石油供应。不过，若两国矛盾集中于石油市场的份额竞争上，对本就供给过剩的市场来说将是一大打击。

近期美联储加息、美元持续走强使原油价格承受了巨大压力。目前全球原油库存已升至10年来最高水平，由于供应过剩状况持续，2016年原油库存还将继续上升，这成为压制原油价格走高的主要因素。

▶生产成本存在巨大差异
政策协调难度不小

黄晓勇： 要弄清国际油价是否偏离产油成本，需要结合具体油田和项目来分析。对中东、北非等地质条件相对优越的地区而言，国际油价总体仍处于成本上方。但对北美页岩油而言，不到40美元/桶的价格的确已偏离成本。尽管如此，北美页岩油商仍在不断改进技术、降低成本，部分项目仍可维持生产经营。

国际油价与部分产油成本偏离可能会使部分高成本采油被挤出市场，供需失衡的缓和可能使国际油价自发调整，进入触底反弹。但即使出现回升局面，预计油价仍难有大幅反弹。

从供需关系、新能源替代、美元走强等因素看，油价在中短期内没有大幅上涨空间。不少预测认为，未来国际油价可能小幅上涨，并稳定在每桶50~60美元的价位。

艾哈迈德·甘迪勒：美国页岩油生产成本在每桶30~60美元不等，而OPEC最大产油国沙特阿拉伯每桶产油成本仅10美元。之所以OPEC尚未打赢这场石油大战，是因为美国页岩油商采取的对策是"高品质化"，把主要开采工作集中在产量最高的地区。另外，由于页岩油钻取效率提升，其发展预计将是未来油市秩序的主要决定因素之一。加之原油出口解禁，种种因素让美国在油价上更有主导权。

伊朗国家石油公司近日表示，他们生产每桶原油的成本已降到1~1.5美元，一旦伊朗原油进入国际市场，其将进一步影响油价上升预期。

阿列克谢·格罗莫夫：在短期内，油价还不至于跌到"灾难水平"。但其现在的价格显然让任何一个产油国都不舒服，他们会努力争取尽快找到供需平衡点。石油行业内非常重视已持续一年半的下跌趋势，对开采投资已大大减少。

奥兰多·奥乔亚：石油出口收入占委内瑞拉外汇收入的96%。2014年6月，委内瑞拉石油出口均价维持在99美元/桶的水平。随后油价猛跌一半，2015年每桶原油出口均价仅45.43美元。2014年委内瑞拉原油出口收入约为735亿美元，2015年减少到387亿美元。所有指数都表明，油价低迷情况将维持到2017年。今年委内瑞拉原油出口均价预计在每桶40~48美元。如果油价上升7%，委内瑞拉收入将增加10多亿美元。

▶ 油价下跌导致财富转移 政策调整势在必行

黄晓勇：美元利率上调使更多人买入美元，原油期货可能遭到抛售。因此，美联储加息和美元走强对国际油价总体是利空的。但美联储加息对原油价格的影响不是简单的正向或反向关系，需要结合全球经济周期、石油市场供需关系以及地缘政治变化等因素综合分析。总体来讲，油价过高会阻碍全球经济增长，甚至造成滞胀。油价适度回落对世界经济的影响是正向的。

油价下跌本质上是财富的国际转移，即石油生产与出口国向石油消费国转移一部分经济利益。对中国、日本、韩国等石油进口国而言，油价下跌总体是利好的，企业用能成本、物流成本和居民私家车燃油成本都会因此下降。在这样的背景下，石油进口国特别是亚太新兴经济体，需要加强与石油生产国和周边消费国的合作，促进进口来源的多元化，更好地保障本国能源供给安全，并建立起有影响力的全球性或区域性的石油期货交易市场，在国际定价方面争取更多话语权。此外，石油进口国还应借低油价之机增加石油储备力度。

奥利维尔·布兰查德：毋庸置疑，美国能源企业的确因低油价受到打击，但那只是美国经济的一小部分，油价下跌让更多消费者的口袋鼓起来。不过，如果油价下跌过多并促使石油输出国陷入严重的金融困境，那它反过来会对包括美国在内的石油进口国带来不良影响。低油价会对发达国家造成损害的观点不正确，股票市场对此反应过度。

乔治·塞克曼：低油价使一些石油输出国如俄罗斯、阿塞拜疆等不得不采取更灵活的汇率政策，以避免外汇储备损失过多。低油价也成为许多经济政策的催化剂，此时降低对矿物燃料的补贴是明智之举，这可以帮助那些处于困境的石油输出国节省财政预算。

对于非石油输出国而言，石油供应增加造成的油价下跌，意味着消费者可以增加其他生活开支并由此促进经济。如果油价下跌的原因是其他能源的增长，这意味着消费者有了更多选择；如果油价下跌的原因是全球经济遇到困难，则忧大于喜。对石油进口国来说，低油价可能会带来一些刺激，但低油价本身也令人担心，因为它往往是更深层次经济问题的征兆。

艾哈迈德·甘迪勒：为应对油价下跌带来的冲击，沙特阿拉伯正进行经济改革，因此低油价为其国家转型带来了契机。沙特阿拉伯正考虑沙特阿拉伯国家石油公司（沙特阿美）的上市，这个控制着约 1/10 的全球原油市场的全球最大的原油公司，或成为全球市值最大的上市公司。这一举动有助于使其经济在原油生产之外实现多元化，并让私营经济发挥更大作用。

奥兰多·奥乔亚：在油价下跌凸显的经济问题中，最突出的是市场供应更加短缺、通货膨胀更加严重。油价下跌也给委内瑞拉石油公司的资金流动造成困难，影响企业的生产运营以及它向中央银行提供外汇的能力。外国合作者在委内瑞拉石油生产投资上表现得更谨慎。委内瑞拉必须调整宏观经济政策，改善石油外汇收入的合理使用，稳定汇率市场并恢复石油生产能力。

阿列克谢·格罗莫夫：考虑到当前情况，必须向着提高油田开采效率和优化行业长期投资两个方向努力。缩减对石油开采的投资将是平衡世界市场供求的重要因素。但缩减开采投资对开采量产生的影响不会早于 2017 年发生。目前市场上的石油和其他原材料总体上价格较低，这无疑会给原料进口国带来利好，但给石油和其他原材料出口国带来的冲击会给未来世界经济埋下资源缺乏的隐患。

全球能源格局迎来供给侧改革？ *

2016 年，国际能源市场似乎来到一个"十字路口"。供需失衡已成难以改变的事实。随着伊朗与伊拉克两个老牌输出国重新回到竞技场，以及美国这样"野心勃勃"的新选手加入，世界能源版图也面临前所未有的结构性变化。

更值得注意的是，全球新能源快速发展和核能复苏，对石油消费也形成一定替代。而这一部分的"结构性因素"或许会比以往更多地决定着传统能源还能上涨的空间和时间。

有分析认为，在能源行业，供给侧改革所强调的结构优化，应通过清晰、正确、有效、可行的结构优化措施，使能源供给体系更适应经济社会可持续发展的需要。那么，在全球经济复苏乏力、第四次工业革命越发声势浩大的时代背景下，扮演着基础角色的能源也迎来了格局上的供给侧改革时代吗？

恐怕还没有那么简单。

---

* 原载于《人民日报》（海外版）2016 年 4 月 5 日第 7 版，记者宦佳。

问题 一：低油价时代会成为常态吗？

尽管在 2 月的多哈会议上，沙特阿拉伯、俄罗斯、委内瑞拉和卡塔尔曾就减产达成了一致，同意冻结各自的原油产量，将其保持在今年 1 月份的水平（前提是其他各产油国也须采取同样的限产措施）。然而，多家国际金融机构的分析认为，由于大多数与会国的产量水平已经逼近极限，即便冻结石油产量，对国际原油市场也影响甚小。因此，卡塔尔邀请石油输出国组织（OPEC）成员国和非成员产油国于 4 月 17 日再次齐聚多哈，商议如何处理当前原油市场面临的问题。

虽然市场预期，本次会议在削产协议上多多少少会取得一些进展，从而对油价有所提振。但 OPEC 成员国和非成员国之间的矛盾依然存在。同时，伊朗也依旧明确地表示了不接受"冻产"协议的态度。外媒引述消息人士的观点称，伊朗表示将维持其原有政策，以夺回其在制裁期间失去的市场份额。

"从目前会议前各方的表态来看，俄罗斯表态相对积极，OPEC 主要成员国减产的意愿似乎并不强。因此多哈会谈即使如期召开，也不能使市场对全球石油减产的预期显著增强。"中国社会科学院研究生院院长、国际能源安全研究中心主任黄晓勇接受本报记者采访分析称。OPEC 成员国内部利益诉求的差异本来就大，成员国之间的博弈和其对自身当前及远期利益的平衡，都使得达成产量、配额、价格等方面的协议难度较大。加上市场普遍预测，在未来较长一段时间内国际油价大幅上涨的空间并不大，因而各成员国倾向于保持目前的产量，以获得当期收益，而不是将石油留存在地下等待未来开发。

不幸的是，这还仅仅是供给过剩的问题。另一个造成今天全球石油市场供需失衡的因素，是美国页岩油的"强势"加入。

"越来越多的证据表明，结构上的改变可能会让油价长期保持在较低的水平。"英国《金融时报》网站刊文称。有充分的理由表明，游戏规则已经发生改变。10年前，美国是全球第一大石油进口国，然而，如今页岩油和天然气已经让美国可以在21世纪20年代实现能源的自给自足。

黄晓勇分析，自从2008年开采页岩油的水力压裂技术被广泛应用以来，美国页岩油/气产业目前已发展到30万口采井、每天产量超过430万桶的规模，页岩油产量占了美国原油总产量一半，并使美国产油量仅次于沙特阿拉伯和俄罗斯，位居全球第三。这也进一步加剧了全球石油供需格局中供大于求的状况，对抑制油价上涨起到了十分关键的作用。

在目前这种充斥着非理性行为的市场里，很难预测油价的"低位"到底会在什么位置。市场对产油国4月达成冻产协议的希望破灭后，其预期在大体上也很悲观。新加坡大华银行称，2016年原油均价可能维持在每桶30~35美元；英国《金融时报》刊文则提出，2016年油价可能将从当前不到每桶40美元的水平开始反弹，但问题在于，反弹的幅度将有多大。

"从中长期看，主要产油国仍将维持较高产量，石油需求在较长时间内仍增长乏力。美元将保持相对坚挺，新能源的替代能力还将持续增强。这些因素在 2016 年不会发生显著变化，总体来看油价上涨依旧乏力。"黄晓勇表示。

问题二：化石能源主导地位会被挑战吗？

石油的疲软，让不少新能源的"拥趸"者既看到了机遇，也感受到了风险。加上全球对碳排放、绿色经济和清洁能源的集体重视，人们不禁提问：各国政府为了实现它们所设定的应对气候变化目标，会不会越来越快地转而使用可再生能源和其他能源渠道，比如电动汽车或太阳能等？

事情可能没那么简单。

西班牙《起义报》刊文称，尽管很多新能源的地位正在被不断巩固，但石油的王者地位仍未被撼动，目前石油占全球能源结构的 1/3，其经济地位毋庸置疑。"如果确实存在其他可替代的能源，又为何如此强调石油的作用？问题根结在于，目前全世界的能源消耗中仅有 10% 左右用于发电，其余90% 都是用来运输。而由于现代可再生能源和核能只生产电力，因此能源运输问题还很难解决。"

该媒体分析，以风能为例，它和太阳能一样都属于基本的可再生能源。按照专家的计算，如果想让风力发电彻底取代化石或核能发电，则必须将风力发电的生产能力提高到现在的 50 到 100 倍。即便如此，获得解决的也只是电力供给问题。如果主要目标是解决各个领域的化石能源供给问题，那么其需要提高的幅度可能是无法实现的。至于其他新能源如太阳能，2010 年其发电量占全球消费电量的比例仅为 2.8%，年均不到 20000 兆瓦的发电量必须实现奇迹般的翻倍增长。寄希望于核能更是一种幻想，在实际拥有 100 座核电站之前，世界上的铀储量可能早已用完。

此外，石油价格的暴跌也会严重影响替代能源的盈利能力，这会进而影响能源的转型以及新型能源的竞争力。

"替代能源占领市场还需要一个长期的过程，从目前看还不能说'石油美元'时代很快就会过去。"中国国际问题研究院世界经济与发展研究所研究员魏民在接受本报记者采访时分析称。国际上货币的多元化、能源的多元化必然会是未来的发展方向，但至少从目前看，全球还在大量地开采油田、新建储备库，美国也还在努力抢回原先的市场。

据报道，国际可再生能源机构近日发布的研究报告显示，到 2030 年将可再生能源在全球能源消费组合的占比提高一倍至 36%，可为全球经济每年节省多达 4.2 万亿美元。该组织认为，如果将可再生能源消费的当前占比提高一倍，有助于尽早实现《巴黎协议》中的目标，即把全球平均气温较工业化前水平的升幅控制在 2 摄氏度以内。

"从长期看，能源结构的转型是一个不可逆的过程，人类对能源的利用必然朝着清洁化、高密度转型。当然，这个转型的过程并不是一蹴而就的。"黄晓勇指出。统计显示，可再生能源发电占全球发电量的比重，从 2009 年的 18% 上升到了 2014 年的 22.4%。虽然新能源发展增速较快，但它在总的能源供给和消费中的比重仍然有限。他表示，未来能源供给结构调整的进程，不仅取决于资源禀赋、能源的相对价格和能源投资，更取决于能源技术的革命。

问题三：全球能源格局会走向何方？

新秩序似乎正诞生于混沌中。

"如今能源世界被一分为二：一个涵盖再生能源、客户服务的新能源世界，以及一个包含水电、煤电、气电与核电的旧能源世界。"世界能源委员会秘书长克里斯托弗·弗雷近日撰文称。

无论如何，全球正朝可持续能源的方向发展是个基本事实。但新、旧两个能源世界目前依旧缺一不可。

天然气在能源格局中越发被重视就是对此的说明。由于当前可再生能源和核能需要很长的时间才能发展起来，而人们又希望减少煤炭和石油的使用，这就让天然气这种"21世纪的环境友好型能源"看上去像正处于中间的过渡带。

"人们对天然气抱有很高的期待。"日本《经济学人》周刊刊文称。自美国的页岩气革命以来，除传统的天然气外，致密砂岩气、煤层气、页岩气的低成本开采也越来越容易，美国由此成为全球天然气储量第一大国。但是天然气与石油这样的液体燃料不同，其储存和运输都太不方便。

"这也使得目前全球天然气并未形成一个统一的市场。"黄晓勇称。全球天然气市场主要有北美、欧洲和东北亚三大区域市场，三者在定价机制上差异显著，不同市场的竞争和替代关系并不明显。

能源格局的转型，给全球经济、地缘政治、生态、社会无疑都会带来深刻变化，石油时代形成的地缘政治格局将发生深刻调整，这已经是远比多哈会议能否达成"冻产"协议更值得全球各国政策制定者思考的问题。

比如，英国《金融时报》就注意到，中国和印度有可能成为更加重要的石油净进口国。在未来20年里，很有可能全球石油需求增加的60%来自这两个国家。从这个角度推断，中东所代表的地缘利益对于美国来说可能会大大缩小，而对于中国和印度来说却会大幅上升。这在地缘政治上的影响可能非常深远。

当然，能源格局的调整对全球财富的分配也将产生显著影响。"当前国际油价下跌本质上就是一种财富的国际转移，即从石油出口国向石油进口国转移一部分经济利益。在未来新能源的大规模发展过程中，在技术和资金方面实力雄厚的大国有望主导这些产业的发展，并进行大量的技术和资本输出，从而获得相应的收益。而原来高度依靠能源资源出口的发展中国家，则可能会因资源等初级产品价格长期低迷而进一步相对贫困化。从这个角度看，新能源的发展可能加剧全球财富分配的不公。"黄晓勇分析。

这一局能源游戏会彻底洗牌吗？或许，这要看发展中国家的动作有多快、眼光有多远了。

为什么要搞商业石油储备？[*]

根据日前发布的《国家发展改革委关于加强原油加工企业商业原油库存运行管理的指导意见》，我国将建最低商业原油库存制度，所有以原油为原料生产各类石油产品的原油加工企业，均应储存不低于 15 天设计日均加工量的原油。

为何要建立最低商业原油库存制度？它对建立健全、多层次的石油存储体系意义何在？它是不是一种对国际石油市场的抄底行为？本报记者采访了相关专家学者。

一　原油对外依存度近60%，开展商业储备是确保我国能源和经济安全的需要

中国社会科学院研究生院院长、国际能源安全研究中

---

　*　本文原载于《人民日报》2015 年 2 月 2 日第 2 版，记者冉永平。

心主任黄晓勇介绍说，一个国家的能源储备主要分为国家战略储备和商业储备。战略储备是一种由政府控制的资源，只在战争或严重自然灾害造成石油供给短缺时才会投放。而商业储备则是石油生产流通或相关企业根据有关法律法规，为承担社会责任而必须保有的最低库存量，它可以用来保障国家能源安全和平抑价格剧烈波动。在国内石油供应因自然灾害、突发事件等出现紧张状况时，国家可依法统一调度商业原油库存。在满足最低库存标准的前提下，商业原油库存企业则可以自主调配使用和轮换。

石油的国家战略储备和商业储备都是国际惯例。中国人民大学国际能源战略研究中心主任许勤华指出，1973 年中东战争期间，石油输出国组织（OPEC）国家对西方国家实施了石油禁运。以美国为首的发达国家于 1974 年成立了国际能源署（IEA），要求成员国必须存有一定的石油储备，其认为的安全标准是库存量应达到 90 天的消费量。

目前我国石油年消费量超过 5 亿吨，国内大庆、胜利、华北等大型油田稳产增产的压力都在不断加大。与此同时，2014 年我国石油对外依存度已接近 60%，未来还将呈现不断上升的态势。加上我国海上石油运输通道存在一定风险，我国能源安全还比较脆弱。"我国迫切需要建立健全、多层次的石油存储体系，确保国内石油市场稳定供应。"黄晓勇说。

二 我国原油储备量仍远低于国际标准，增加商业石油储备不会推高国际油价

黄晓勇和许勤华都认为，目前我国石油战略储备仍是低水平的。我国从 2003 年开始筹建石油战略储备基地，计划用 15 年时间分三期完成油库等硬件设施建设。最近国家统计局发布的消息显示，国家石油储备一期工程建成投用，包括舟山、镇海、大连和黄岛等四个国家石油储备基地，其总储备库容为 1640 万立方米，储备原油为 1243 万吨。

中国石油天然气集团公司 2014 年发布的报告显示，截至 2013 年底，中国战略原油储备能力已达到 1.41 亿桶。按中国 2013 年每天消耗石油 139 万吨的规模静态计算，我国战略原油储备只够使用 8.9 天，商业原油储备可用 13.8 天，全国原油储备的静态能力总共约为 22.7 天。此次要求企业增加商业储备后，我国原油储备也只有 30 天左右。因为企业正常生产经营本来就拥有一定库存，要达到 15 天加工量的储备，并不需要增加 15 天的库存。目前我国石油储备能力仍远低于国际能源署设定的 90 天的安全标准。

许勤华认为，我国石油储备水平低的一个重要原因就是，无论是国有还是民营企业大都存在着一种"低进高出"的获利思维。商业储备会占用企业大量的资金也是造成这一局面的一个因素。哪怕在油价暴跌的现阶段，由于未来油价走势预期不明朗，低油价也没能激起企业大量储油的愿望。

"目前我国适当增加国内商业原油储备，并不能简单被

认为是对国际原油市场的抄底行为，而是基于国家能源安全的长远考虑。目前国际原油市场产能过剩、市场低迷，我国适当增加商业储备不会造成油价大幅度上涨。"黄晓勇说。

三　我国原油储备制度仍需进一步完善，应多元化筹资支持储油基础设施建

专家认为，作为第一大能源消费国，中国迫切需要完善能源储备方面的法律和政策体系。"法律需要明确各类石油储备主体的权利和义务，明确在什么条件下才能动用国家战略石油储备和商业储备，只有明确了这些基本内容，才能为政府的决策提供依据、给市场主体明确的预期。"中国矿业大学（北京）教授宋梅认为。特别是国家战略石油储备的投放，要有非常明确的规定。如果频繁向市场投放，可能会干扰石油市场的正常运行。迄今为止，美国动用战略石油储备的情况也只发生过 3 次。

宋梅认为，我国石油储备基础设施的建设还较为滞后，还应建立起多元化的资金筹措机制支持石油储备，减轻企业储备产生的成本负担。

黄晓勇还指出，我国要建立起以国家战略储备为主体、商业储备为重要辅助的组合型石油储备机制。在这个过程中，政府要掌握对国家储备的控制权，但同时应该通过招标等方式将具体管理、维护交给企业，以此提高效率、降低储备成本。

化石能源补贴改革在行动*

　　二十国集团（G20）领导人杭州峰会前，中国和美国率先发布化石燃料同行评审报告，被视为两国应对气候变化合作的又一重要成果。能源基金会（中国）低碳发展项目主任胡敏对记者表示："万事开头难。中美这两个能源利用大国走出第一步，形成了工作流程，是对 G20 框架下能源补贴互审程序的初次实践，对其他国家有很大的启示。从这个意义上说，中美互审的贡献不可估量。"

　　业内人士认为，中美两国发布化石燃料同行评审报告，可推动在 G20 甚至更大范围内开展同行评审，从而使取消化石燃料生产与消费补贴政策得到更加公开、透明和广泛的执行。未来，中国和其他 G20 成员国应加强相互间的合作、监督，以及第三方评估，确保如期确定改革期限和步骤，以及政策的有效执行和落实。根据计划，明年在德国举行的 G20 峰会有望为取消化石燃料补贴确定相对明确的目标和期限。

---

　　*　本文原载于《中国石油石化》2016 年第 20 期，记者郑丹。

一　促进减排　优化结构

对化石燃料生产与消费的补贴政策进行改革是全球实质性减少二氧化碳和其他温室气体排放的至关重要的一步。根据能源基金会提供的数据，化石燃料补贴是负气候投资，导致了约 1/3 的化石能源温室气体排放。全球每年用于化石燃料补贴的政府开支约为 5000 亿~6000 亿美元，是绿色气候基金所要求的承诺金额的 5 倍。取消化石燃料补贴，可以在 2050 年降低 6%~10% 的全球温室气体排放。

据统计，同样 1 美元补贴，支付给化石能源能吸引到 1.3 美元的投资，支付给可再生能源则可吸引 2.5 美元的投资。

在中国社会科学院研究生院院长、国际能源安全研究中心主任黄晓勇看来，"取消对化石燃料的不合理补贴，可以为可再生能源发展创造更加公平的竞争环境，扩大全球对可再生能源的投资，并且提高能效，这有助于进一步优化全球能源结构、推动绿色发展、实现《巴黎协议》提出的减排目标。此外，还可以调整化石能源与可再生能源的相对价格，减少化石燃料过度生产和消费带来的环境恶化，以及危及公众健康的问题"。

尽管我国可再生能源投资已连续六年稳居世界第一，成为新能源和可再生能源投资的第一大国，但我国能源结构不合理的问题依然非常突出。这不仅体现在新能源和可再生能源在整个能源消费存量中的占比偏低，更体现在化石能源内部结构非常不合理。黄晓勇认为，"'多煤少油缺气'的化石能源内部结构，使我国环境遭受了难以承受之重。通过推进化石燃料补贴改革，起到促进节能减排目标达成和优化能源结构的作用，对我国尤显重要。"

目前，全球对化石燃料行业的财政支持大约是对可再生能源行业补贴的 4 倍。我国通过减少和逐步取消化石燃料补贴，将结余下来的财政资金转向清洁能源，来弥补我国清洁能源补贴的巨大资金缺口，促进清洁煤电和风能、太阳能等清洁能源的发展。

除应对气候变化和改善环境外，胡敏提出，我国进行化石燃料补贴改革客观上还起到了以下几方面的作用：一是有利于应对"新常态"下经济增速放缓带来的财政压力；二是推动加速开征环境税、碳税，深化资源税、能源消费税的改革；三是促进多种所有制参与能源市场改革，包括取消对大型国有企业的土地税收优惠和贷款优惠等。

二　全局考虑　逐步推进

我国针对化石能源补贴改革的总体思路是"一个中心，两个结合"，即以提高化石燃料使用效率为中心，结合中国能源价格形成机制的市场化改革和财税改革。

在中国石油大学（北京）工商管理学院院长郭海涛博士看来，我国化石燃料补贴政策改革的目标应该是恢复价格对能源供需的调节功能，提高能源资源配置的市场效率。而改革的关键和难点是恢复能源产品的商品属性，这是用价格手段有效调整能源资源用途的前提。"从长期看，取消补贴，用价格手段提高能源的使用效率是大趋势，也是与我国资源禀赋条件相称的。我国能源资源相对贫乏，要求我们必须更加注重节约能源资源，必须更加高效地使用能源资源。"郭海涛表示。

目前，化石能源的环境成本、社会成本并没有被充分内在化，而对化石能源的各种显性和隐性的补贴，更是加剧了价格扭曲。可再生能源价格比化石能源高很多，这使现有能源价格无法充分体现各类能源的经济与生态价值，这种价格扭曲严重影响了能源结构调整和资源优化配置。因此，专家呼吁，必须重新审视并逐步取消化石燃料补贴，建立起更加合理的能源价格形成机制，真正实现不同能源品种间的公平竞争，推进新能源的生产和消费。

我国化石燃料补贴改革涉及能源矿产勘探权、开发权转让体制的改革，同时也涉及我国能源资源税费改革，包括煤炭资源税、环境税和碳税等。此外，化石燃料补贴改革还涉及我国能源的定价机制改革。黄晓勇指出："税费和价格改革，既要更好地体现化石能源市场供需状况，也要使价格更真实地反映资源的稀缺程度和环境成本等外部性。"

我国化石燃料补贴改革还涉及国有企业改革。"因为大部分化石能源补贴以对国有企业的支持形式存在。广义的补贴包括对国有企业的金融倾斜，而这些方面的改革也会更有利于形成更加开放和竞争公平的市场。"胡敏如是指出。

据悉，我国将科学制定近期、中期和远期的化石能源改革路线图，有计划、有步骤地取消低效的化石能源补贴。根据中国发布的 G20 框架下化石燃料同行评审报告，化石燃料勘探开发和开采、炼化加工、发电和供热、交通运输燃料、居民生活化石燃料这 5 个方面的 9 项补贴将被逐步取消。

至于改革的步骤和进度，郭海涛认为，我国化石燃料补贴改革应该采取渐进方式，逐步减少补贴，防止对低承受能力用户形成冲击，也防止能源成本上升过快对国民经济造成冲击。同时，有专家指出，作为发展中国家，我国需要更多考虑取消补贴对低收入人口的影响，寻找替代政策和过渡政策。

三 变革创新 应对冲击

相关报告披露，G20 各国政府每年给化石能源公司提供 880 亿美元用于勘探新的石油、天然气和煤炭资源。而全球范围内排名前二十的私人石油和天然气公司在 2013 年投资了 370 亿美元用于勘探，不到 G20 各国政府每年拨款的一半，这表明私人公司的勘探活动也高度依赖于财政补贴。由此可见，取消对化石燃料的补贴，在一定时间内会影响企业对化石能源勘探开发的投入，进而可能造成化石能源的短缺和价格的上涨。

当前，全球石油、煤炭价格处于低位。黄晓勇认为："取消化石燃料补贴，无疑会加剧石油行业的经营困难。在全球石油消费增速已经大幅放缓的背景下，竞争优势的丧失将对石油开采和冶炼企业的经济效益带来冲击，尽管这一冲击的全面显现尚需时日。对石化企业而言，取消补贴的冲击可能会小于石油开采和冶炼企业。"

对石油行业来说，随着新能源汽车的推广，石油作为燃料逐步成为一种可被替代的商品。取消化石燃料补贴后，石油和替代能源的相对价格会随之发生变化，石油生产成本的提升将难以向下游用户转移。石化行业则主要以石油为原料，生产塑料、合成纤维、合成橡胶、合成洗涤剂、溶剂、涂料、农药、染料等与国计民生相关的产品。而从目前看，这些产品暂时没有出现可替代产品，因此这些产品成本的提高可以逐步通过定价向下游转移和分摊。

面对逐步取消化石燃料补贴的趋势，石油石化企业要顺应历史潮流和能源变革规律，做好应对改革的准备。这意味着企业要加强技术研发、改进经营管理以更好地实现降本增效。

"补贴导致的能源低价格鼓励了各类用户对化石能源的过度消耗，严重打击了通过技术创新和管理创新提升资源使用效率的积极性。所以，随着国家补贴政策的改革，作为能源的主要供应商和能源消耗大户，我国石油石化企业同样需要更加努力地提高能源开发和使用效率。另外，由于取消补贴会引起消费者的经济支出增加，企业还亟须提升市场开拓能力。"郭海涛指出，"这包括在油气产业链各个环节提高技术创新和运用能力；提高企业管理水平，提升企业资本产出效率；加强市场开发，推出新产品和新服务，开拓新的市场需求领域等。"

此外，在黄晓勇看来，企业还应更好地推动石油石化清洁生产和利用，以降低取消补贴带来的不利影响。

后　记

当今，时常有叹身处莫名漩涡被设定、被卷裹、被胁从而无可奈何，但依然坚信人能"参天地而赞化育"。虽不能甚求人人以"为天地立心"为生之大义，而于推动社会进步、人类福祉之大命题下，仍人人皆有可为。

近十年来，以世界经济和国际关系的角度关注、审度国际能源格局演变及中国能源安全战略问题，虽力微却也时时略有心得，每感小智能见用于国策政令民识，便欣然以为不负"天地国亲师"，亦不负自己一甲子的荏苒光阴。

能源安全课题日益受众瞩目，更有各类会议、论坛智者云集，而余有幸能常常列席于其中，以一己之见坦呈于同此志者并受教于专家高辞深论，颇获启迪，闻道之乐匪浅。

此次粗择文稿成此薄册，一为向长久以来寄期待于吾之师长同道略表感谢之情，二为稍作梳理、小做标记，以激励自己不辍征途！

蒙陈卫东先生、何志平先生、解树江先生、姚同欣先生为此册不吝赐序、赐评，亦得先云等众弟子跟随扶持、社会科学文献出版社同仁多年提携，谨借此一并揖谢！若能与诸位继续携手并肩、砥砺前行，甚幸甚幸！

　　于"横四维而含阴阳，纮宇宙而章三光"之中，生之为人何其微渺，然虽柔弱亦集天地精华、被日月光辉，故不敢自弃。倘能奉萤火之芒献于国家、民族复兴大业，则光荣之至。

黄晓勇

2016 年 11 月于北京

图书在版编目(CIP)数据

能源博弈论集 / 黄晓勇著. --北京：社会科学文
献出版社，2016.11
　　ISBN 978-7-5097-9869-0

　　Ⅰ.①能… Ⅱ.①黄… Ⅲ.①能源发展－世界－文集
Ⅳ.①F416.2-53

　　中国版本图书馆CIP数据核字（2016）第254505号

能源博弈论集

著　　者 / 黄晓勇

出 版 人 / 谢寿光
项目统筹 / 王晓卿
责任编辑 / 王晓卿　廖涵缤

出　　版 / 社会科学文献出版社·当代世界出版分社（010）59367004
　　　　　地址：北京市北三环中路甲29号院华龙大厦　邮编：100029
　　　　　网址：www.ssap.com.cn
发　　行 / 市场营销中心（010）59367081　59367018
印　　装 / 三河市东方印刷有限公司

规　　格 / 开　本：889mm×1194mm 1/32
　　　　　印　张：8.75　字　数：176千字
版　　次 / 2016年11月第1版　2016年11月第1次印刷
书　　号 / ISBN 978-7-5097-9869-0
定　　价 / 89.00元